DJ에게 배워라

DJ에게 배워라

초판 1쇄 인쇄 2020년 1월 25일
초판 2쇄 발행 2020년 2월 1일

지은이 최용식, 유성엽, 김용신, 이인재 외 정교단
펴낸이 전익균, 강지철

이 사 김기충
기 획 조양제
관 리 김영진, 정우진
디자인 김 정
교 육 민선아
마케팅 팀메이츠

펴낸곳 도서출판 새빛, 유피피코리아
전 화 (02) 2203-1996   **팩스** (050) 4328-4393
출판문의 및 원고투고 이메일 svedu@daum.net
등록번호 제215-92-61832호   **등록일자** 2010. 7. 12

값 16,000원
ISBN 978-89-92454-76-6(03320)
* 잘못 만들어진 책은 구입하신 곳에서 바꾸어 드립니다.

이 도서의 국립중앙도서관 출판시도서목록(CIP)은 서지정보유통지원시스템 홈페이지
(http://seoji.nl.go.kr)와 국가자료공동목록시스템(http://www.nl.go.kr/kolisnet)에서 이용하
실 수 있습니다.(CIP제어번호: CIP2020000565)

정치세력 교체, 경제위기 극복
살맛 나는 대한민국!

저자

최용식, 유성엽, 김용신, 이인재 외 정교단[1]

1) 정교단은 정치세력교체추진단의 약칭이다. 우리 정치판을 지배하고 있는 가짜 진보와 가짜 보수를 진짜들로 교체해야 민족과 나라의 미래가 밝아질 수 있다고 믿으며 활동하는 단체이다. 정교단의 공동대표들이 이 책의 공동저자이다. 대표 집필은 21세기경제학연구소의 최용식 소장이 맡았다.

 도서출판 새빛
SAEVIT

추천사

박 지 원 국회의원(대안신당, 전남 목포)

우선, 이 책은 아주 놀랍다. 지금까지 전혀 알려지지 않았던 새로운 사실들이 이 책을 가득 채우고 있다. 이 책은 진짜 진보와 진짜 보수가 무엇인가를 명확히 밝히면서, 정치권을 지배하고 있는 가짜 진보와 가짜 보수를 전면적으로 교체하지 않으면 민족과 나라의 미래가 점점 더 어두워질 수밖에 없다고 설파한다.

둘째, 이 책은 매우 신랄하다. 정책당국은 고령화에 따른 잠재성장률의 하락과 대외경제여건의 악화가 현재의 경제난을 초래했다고 변명하지만, 이것은 진실을 호도한 것에 불과하다는 점을 신랄하게 비판하고 있다. 즉, 정부가 실패할 것이 뻔한 경제정책들을 줄기차게 펼쳤기 때문에 현재와 같은 경제난이 초래되었다는 것이다. 정책당국이 정책의 실패를 인정하지 않으면, 경제를 살려내는 일은 영원히 불가능할 것이라고 이 책은 강조한다.

셋째, 이 책은 대단히 실증적이다. 이 책에서는 막연하고 일방적인 주장을 찾아보기가 어렵다. 어떤 주제를 내세우든지 반드시 실증자료를 동원하여 뒷받침한다. 특히, 최근에 역대 정권이 어떤 경제정책들을 펼쳐서 현재와 같은 경제난을 초래했는지, 여러 경제지표들을 동원하여 명확히 증명하고 있다. 뿐만 아니라 그 내용들이 대단히 논리적이고 실증적이다.

넷째, 이 책은 아주 흥미롭다. "세상사에서 성공의 길은 매우 좁고 힘들지만, 실패의 길은 사방에 널려 있고 아주 쉽다"는 식으로, 누구나 이해하기 쉬운 비유를 많이 활용하고 있다. 무엇보다, 김대중 정부가 뛰어난 경제실적을 남겼는데, 이것을 '역주행'이라고 주장하며 경제기조를 바꿨기 때문에 결국 우리 경제가 실패의 길을 걷게 되었다는 점을 이 책은 명백히 증명한다. 실제로 김대중정부가 출범할 때는 "5년 안에 환란만 극복해도 역사는 위대한 업적을 남겼다고 기록할 것이다"라고들 했는데, 불과 1년 만에 외환위기를 극복한 것은 물론이고 그 후 연평균 8%에 달하는 아주 높은 성장률을 기록했다.

다섯째, 이 책은 미래지향적이다. 무엇보다 우리 경제를 살려낼 정책들을 설득력 있게 제안하고 있다. 막연한 정책들의 제안이 아니라 세계사에서 성공했던 사례들은 물론, 실패했던 사례들까지 동원하고 있다. 실패의 길은 반드시 피하고, 성공의 길만 걷자는 취지일 것이다. 하지만 불행하게도 이 책이 제안한 경제정책들은 쉽게 받아들여지기가 어려울 것만 같다. 경제학 교과서가 가르치는 바와는 많이 다르기 때문이다. 그러나 이론과 현실은 다르다는 것을 우리 인생사의 많은 경험들이 이미 충분히 증명하지 않았는가?

이 책이 많이 읽혀서 더 많은 우리 국민들이 정치와 경제의 실상을 정확히 이해하게 되면 좋겠다. 그래야 나라와 민족의 미래가 지금보다 밝아질 것이기 때문이다. 제발 그렇게 되기를 간절히 기대한다. 이런 다소 거창한 얘기를 그만두더라도, 이 책을 읽은 독자가 실망하는 일은 거의 없을 것이다. 이 책에서도 밝혔듯이, 이 책을 읽은 독자라면 누구나 경제전문가 못지않게 국내경제를 꿰뚫어 보는 혜안을 갖게 될 것이다. 그만큼 이 책의 내용은 신선하고 다양하며 정확하다.

경제는 쉽다. 경제원리는 아주 쉽다. 경제문제는 더욱 쉽다. 상식적으로 접근하면 풀리지 않을 경제문제는 거의 없다. 마찬가지로 경제원리도 상식적으로 접근하면 얼마든지 쉽게 이해할 수 있다. 오직 경제학만 어려울 뿐이다. 아주 쉬운 경제원리와 경제문제를 아주 어렵게 해명하고 있는 것이 현재의 경제학이다. 그래서 경제원리와 경제문제가 어렵게 느껴질 따름이다. 실제로 경제학은 거의 무용지물이다. 가격현상이든 소득현상이든 제대로 읽어내는 경우가 매우 드물다. 경제학의 경제예측은 두 말할 나위도 없이 자주 틀린다.

그렇지 않다고 생각하는가? 그렇다면 이 책을 차분히 읽어보기 바란다. 그러면 경제와 경제원리와 경제문제가 얼마나 쉬운가를 알게 될 것이다. 이렇게 쉬운 경제와 경제원리와 경제문제를 왜 그동안 어렵다고만 지레 짐작했는지, 오히려 이상하게 느껴질 것이다. 이 책은 처음 듣는 얘기들로 가득 차 있을 것이다. 그러나 처음 듣는 그 얘기들이 진실이다. 따라서 이 책은 독자 여러분을 최소한 대한민국에서는 가장 뛰어난 경제전문가로 만들어줄 것이다. 특히, 우리나라 경제가 왜 근래에 심각한 어려움을 겪고 있는지에 대해서는 국내의 다른 어떤 경제학자보다 더 정확하게 파악할 수 있게 될 것이다.

우리가 이 책을 발간하는 목적은 우리 경제가 당면한 문제점들을 독자 여러분과 공유하기 위해서이다. 그리고 그 공감을 바탕으로 우리 경제를 되살릴 길을 찾기 위해서이기도 하다. 우리 경제를 되살리는 일은 많은 사람들이 함께 나서야 이룩할 수 있기 때문이다. 실제로 경제난이 해가 갈수록 심각해짐에도 불구하고, 그리고 이것은 경제정책이 실패하여 일어난 일임에도 불구하고, 아무도 경제정책의 실패를 거론조차 하지 않는다. 경제정책 당국은 경제정책의 실패를 호도하려고만 할 뿐, 경제를 살려내는 데에 성공할 새로운 경제정책은 찾으려고도 하지 않는다. 어느 누구도 그 책임을 묻지도 않는다. 정책당국에 책임을 물을만한 힘을 가진 정치권, 특히 현재의 정당들도 마찬가지이다.

그 이유가 무엇일까? 여당이든 야당이든 혹은 진보 정당이든 보수 정당이든 모두 가짜이기 때문이다. 진보 정당도 가짜이고 보수 정당도 가짜인데, 그들이 어떻게 실력을 발휘할 수 있겠는가? 가짜들이 무슨 실력이 있겠는가? 우리가 보수 정당이든 진보 정당이든 모두 가짜로 단정하는 이유는 이 책을 읽으면 자연스럽게 이해하게 될 것이다.

무엇보다 그 가짜들을 정치권에서 몰아내지 않으면, 우리 민족과 나라의 미래는 점점 더 어두워질 수밖에 없다는 데에 문제의 심각성이 있다. 즉, 현재 정치권을 지배하고 있는 가짜 진보와 가짜 보수를 진짜 진보와 진짜 보수로 정치세력을 전면 교체해야 민족과 나라의 미래가 밝아질 수 있다는 것이다. 진짜 진보와 진짜 보수가 아니면 그럴 역량을 기대할 수가 없기 때문이다.

이 책의 제1부는 정치세력의 전면 교체를 다룬다. 현재의 정치세력이 진보든 보수든 왜 모두 가짜인지를 명확히 밝힘으로써 정치세력의 전면 교체가 왜 필수적인지, 어떻게 교체할 것인지 등의 문제를 다룬다. 그리고 현재의 경제난을 풀어헤쳐 나아갈 전제조건 즉, 경제난의 원인이 어디에 있는지도 함께 다룬다.

제2부는 노무현 정권, 이명박 정권, 박근혜 정권 등의 역대 정권은 물론이고 현재의 문재인 정권이 어떤 경제정책을 펼쳤으며, 그들의 경제정책이 왜 그리고 어떻게 실패했는지를 구체적인 증거를 통해 살펴본다. 아울러 김대중 정권의 경제정책은 무엇이었고, 어떻게 단군 이래 최대 난리라던 환란을 성공적으로 극복했는지도 함께 다룬다.

제3부에서는 우리나라 경제를 살려낼 경제정책들에 대해 면밀히 살펴본다. 이 책에서 제안하는 경제정책들은 세계경제사에서 성공했던 각국의 경제정책과 실패했던 경제정책 등을 모두 섭렵한 뒤에 새롭게 구축한 것들이므로, 현재의 경제난을 해결하는

것은 물론이고 우리 경제를 다시 장기간의 고도성장가도에 올려놓을 수 있을 것으로 우리는 확신한다.

우리는 다음과 같은 기치로 이 책을 썼다. 젊은이들에게 우울증과 좌절감이 아니라, 꿈과 희망을! 자존감과 자신감을! 나이가 드신 분들에게는 불안감과 당혹감이 아니라, 안정감과 평화를! 이 책이 그런 사회를 하루빨리 만들어가는 데에 기여하기를 간절히 기대해 본다. 아니, 우리가 그런 사회를 기어코 만들어갈 것을 국민 앞에 엄숙히 약속해마지 않는다.

끝으로, 이 책은 지난 1년여 동안 정치세력교체추진단의 공동대표회의에서 논의된 내용들 중에서 중요하다고 여겨지는 것들로 엮었다. 그동안 치열한 토론에 참여했던 공동대표 여러분들의 노고가 이 책에 깃들여 있다. 그리고 이 책은 유성엽 국회의원의 페이스북과 [예측이 가능한 경제학]에 많은 빚을 졌다. [예측이 가능한 경제학]에서 그 일부분을 이 책에 전재하도록 허락해준 인천대학교 출판부와 저자에게 감사드린다. 유성엽 국회의원에게도 감사드린다.

목차

1
부

경제를 살리려면
정치세력 전면 교체부터

1

왜 국민의 삶은 나날이 팍팍해지기만 할까?

생활고 때문에 한 가족이 함께 자살했다는 소식이 지금처럼 자주 언론에 보도된 적이 과연 한 번이라도 있었을까? 지금처럼 지하철 역사의 상가들이 점점 비어간 적이 과연 있었을까? 오히려 그런 곳에 입점하기 위해 온갖 로비가 난무했던 것이 불과 얼마 전이었지 않은가 말이다. 불야성을 이루던 명동 등 번화가의 상가들조차 비어 가는 이유는 또 무엇일까? 젊은이들이 일자리를 찾지 못해 방황하는 이유는 도대체 무엇일까? 이 물음들에 대한 답은 아주 단순하고 명쾌하다. 당연히 국가경제가 충분히 성장하지 못하고 있기 때문이다.

아래 표는 김대중 정권 이래 문재인 정권까지의 연평균 성장률을 정권별로 나타내고 있다. 이 표를 보면서 여러분은 어떤 생각이 드는가? 김대중 정권에서는 8.0%에 이르렀던 연평균 성장률이 노무현 정권에서는 4.7%로 뚝 떨어졌고, 이명박 정권에서는 다시 3.3%로 떨어진 이유가 무엇일까? 왜 박근혜 정권에서는 3.0%로 더 떨어지고, 문재인 정권에서는 2.7%로 더욱 떨어졌을까? 정권이 바뀔 때마다 연평균 성장률이 이렇게 떨어지는 이유가 도대체 무엇일까?

정권별 연평균 성장률

정권별	김대중	노무현	이명박	박근혜	문재인
성장률	8.0	4.7	3.3	3.0	2.7

자료 : 한국은행 경제통계시스템(2019년 12월 11일)
• 김대중 정권의 연평균 성장률은 1999~2002년의 실적. 1998년 실적은 외환위기가 발생하여 −5.5%를 기록했지만, 이것은 이전 정권의 책임이므로 제외. 그것을 포함하면 5.2%.
• 문재인 정권의 연평균 성장률은 2019년 실적을 2.0%로 추정하여 계산.

그 이유를 한번쯤 곰곰이 생각해보는 것도 시간낭비만은 아닐 것이다. 특히, 우리 경제가 향후에 어디로 흘러갈지를 가늠하는 데에는 이것처럼 좋은 방법도 드물다. 향후의 경제동향을 정확하게 진단하거나 예측하는 데에는 위 물음에 대한 답변이 도움을 줄 것이다. 만약 그 진단과 예측이 정확하다면 여러분의 경제생활에 큰 도움을 받을 수 있을 것이다. 자, 여러분의 생각은 무엇인가? 어떤 원인이 우리나라 성장률을 이처럼 지속적으로 떨어뜨렸다고 생각하는가? 경제난이 점점 심각해지는 이유가 도대체 무엇일까?

혹시 여러분은 경제성장률이 해가 갈수록 떨어진 주요 원인이 잠재성장률 하락과 대외경제여건 악화에 있다고 판단하지는 않았는가? 그렇다면 여러분의 판단은 기획재정부와 한국은행 등의 정책당국 그리고 관변 경제학자들의 분석과 거의 일치한다. 그동안 국가경제의 경영을 책임지고 있는 정책당국은 물론이고 구체적인 정책방안과 그 논리를 정책당국에 제공한 경제학자들이 기회가 있을 때마다 그런 주장을 해왔으니, 여러분이 그렇게 판단한 것도 이상하거나 무리한 일은 결코 아니다. 실제로 정책당국과 관변 경제학자들은 고령화 등에 따른 잠재성장률의 하락과 대외경제여건의 악화에 따른 국제경쟁력의 약화가 우리나라의 성장률이 낮아져서 우리가 경제난을 겪고 있는 가장 근본적이고 중대한 이유라고 줄기차게 해명해왔다.

그럼 위와 같은 해명이 적절하고 현실과도 부합할까? 아니다. 잠재성장률을 끌어올릴 정책을 발굴하여 집행하는 책임은 기획재정부 등 정책당국에 있다. 잠재성장률이 점점 떨어지고 있다면 진즉부터 그것을 향상시킬 경제정책을 발굴하여 집행했어야 했다. 대외경제여건의 악화 역시 그것을 극복해야 할 책임은 기획재정부와 한국은행 등의 정책당국에 있다. 한마디로, 우리나라 성장률이 날이 갈수록 떨어지는 것은 전적으로 기획재정부 등 정책당국이 국가경제의 경영을 잘못하고 있는 데에 그 원인이 있다고 해야 한다는 것이다. 최소한 정책당국은 잠재성장률의 향상과 대외경제여건의 극복에는 분명히 실패했다.

아니, 정책당국은 성장률을 떨어뜨릴 경제정책만을 펼쳐왔다고 하지 않을 수 없다. 구체적으로 어떤 정책이 성장률을 떨어뜨렸는지에 대해서는 그 설명을 잠시 미뤄두기로 하자. 그전에 우리나라의 경제사를 잠시라도 뒤돌아보면, 근래에 정책당국이 국가경제의 경영에 명백히 실패했다는 점을 쉽게 발견할 수 있다. 즉, 잠재성장률이 지금보다 훨씬 더 낮았고 대외경제여건 역시 지금보다 훨씬 더 어려웠던 시기에도 뛰어난 경제성과를 거뒀던 적이 우리나라 경제사에 몇 차례 있었던 것이다.

대표적인 사례로는 1980년대를 들 수 있다. 1980년과 1981년에는 경상수지 적자가 각각 GDP의 8.5%와 6.6%를 기록했을 정도로 우리나라의 국제경쟁력과 잠재성장률은 뚝 떨어져 있었다. 그뿐만이 아니었다. 대외경제여건 역시 매우 나빴다. 실제로 미국의 성장률은 1980년 -0.5%, 1981년 1.8%, 1982년 -2.2% 등을 기록했을 정도로 세계경제가 전반적으로 어려움에 처해 있었다.

그러나 우리나라 성장률은 1980년의 -2.1%에서 1982년에는 6.5%로, 1983년에는 7.2%로 그리고 1983년에는 더욱 올라가 10.7%를 기록했다. 경상수지 역시 마찬가지로 해가 갈수록 꾸준히 개선되었다. 1980년에는 경상수지가 53억 달러의 적자를 기록하여 GDP의 무려 8.5%에 이르렀으나, 점점 축소되기 시작하여 1986년에는 드디어 흑자로 전환하였던 것이다. 당시의 정책당국은 어떻게 이런 훌륭한 경제업적을 남긴 것일까? 당연히 경제정책이 성공적이었기 때문이다. 그럼, 당시에는 어떤 경제정책을 펼쳤을까? 이 문제에 대한 논의도 잠시 뒤로 밀어두기로 하자. 본격적으로 논의하기에는 아직 준비가 덜 되어 있는 것 같기 때문이다.

1980년대의 사례는 너무 오래 전의 일일까? 그럼, 좀 더 가까운 1990년대 말의 사례를 하나 더 살펴보자. 당시의 대외경제여건 역시 아주 좋지 않았다. 우리나라의 중요한 교역상대국인 일본의 성장률은 1998년에 −1.1% 그리고 1999년에도 0.8%라는 낮은 실적을 기록했으며, 인도네시아와 태국과 말레이시아 등도 외환위기가 발생하여 1998년 성장률이 각각 −13.1%, −10.2%, −7.4% 들을 기록했을 정도로 극심한 경기침체를 겪고 있었다.

당시에 우리나라 역시 외환위기의 영향으로 1998년 성장률이 −5.5%를 기록했다. 그만큼 당시의 잠재성장률과 대외경제여건은 지금보다 훨씬 더 취약했다. 실제로 1996년의 경상수지 적자가 238억 달러로서 GDP의 4%에 이르렀을 정도로 우리나라의 잠재성장률은 낮았다. 경제여건도 바로 앞에서 살펴본 것처럼 지금보다 훨씬 더 열악했다. 그러나 우리나라 성장률은 1999년에는 11.3%로 크게 올라갔고 그 뒤를 이어 2000년에도 8.9%라는 괄목할 만한 실적을 남겼다. 이때는 도대체 어떤 경제정책을 펼쳤기에 이처럼 뛰어난 성과를 거둘 수 있었을까? 이 문제 역시 잠시 뒤에 자세하게 살펴볼 것이다.

세계사를 살펴보더라도 잠재성장률 저하와 대외경제여건 악화를 성공적으로 극복한 사례들은 얼마든지 찾아볼 수가 있다. 1980년대 후반 이래의 아일랜드와 비슷한 시기의 호주 등은 그런 대표적인 사례에 속한다. 우선, 아일랜드의 사례를 하나 더 살펴보자. 호주의 사례는 우리나라의 향후 정책방향에 중요한 시사점을 제시하고 있으므로, 차후에 자세히 살펴볼 것이다.

아일랜드는 유럽의 변방국가로서 1인당 국민소득이 1980년대 말까지도 8천 달러 남짓에 불과하여 국가경제가 상대적으로 낙후됐었고, 경제난 역시 장기간 심각했었다. 그래서 '유럽의 병자'라는 비아냥거림을 들었다. 당시 아일랜드의 대외경제여건과 잠재성장률은 형편없이 낮았다. 우선, 아일랜드는 유럽 대륙에서 멀리 떨어진 나라였다. 국토는 좁고 척박하고 인구도 상대적으로 적은 편이어서 경제적으로 아주 불리했다. 무엇보다, 경제난이 지속되자 많은 국민들, 특히 젊은이들이 일자리를 찾아 해외로 이민을 떠남으로써 인구가 740만 명에서 절반 가까이로 줄어들었다. 그만큼 잠재성장률이 뚝 떨어져 있었던 것이다.

하지만 1980년대 중반 이후에는 고도성장을 시작했다. 그 뒤 1990년대 초에는 성장률이 2~3%대로 떨어져 경기부진이 이어졌지만, 1994년부터는 다시 고도성장가도에 올라섰다. 심지어 1인당 국민소득이 2만 달러를 넘어선 1998년 이후에는 연평균 성장률이 10년 이상이나 9%를 훌쩍 넘어서는 실적을 기록하기도 했다. 당시의 국민소득 2만 달러는 현재 가치로는 약 3만 달러로 평가할 수 있을 것이다. 다시 말해, 지금 우리나라의 국민소득 수준일 때에 아일랜드는 성장률이 9%를 넘어서는 고도성장을 지속했던 것이다. 결국 2000년대 중반에는 국민소득이 6만 달러를 훌쩍 넘어섬으로써 서유럽에서도 가장 높은 편에 속하게 됐다. 불행하게도, 2008년의 세계적인 금융위기 이후에는 경제가 심각한 타격을 입기도 했지만, 금방 오뚝이처럼 다시 일어섰다.

위와 같은 국내외 사례들은 우리에게 무엇을 얘기해주고 있을까? 한마디로 지금 우리 국민이 겪고 있는 심각한 경제난은 정부의 경제정책이 실패를 거듭했기 때문에 빚어진 사태라는 것을 단적으로 증명한다. 그런데 왜 정부의 경제정책이 실패했다는 얘기가 그동안 어디에서도 나오지 않았을까? 여당에서든 제1야당에서든, 심지어 언론에서조차 어떤 비판도 나오지 않은 이유가 도대체 무엇일까? 어느 분야에서든, 누구에 의해서든 경제정책이 실패했다는 비판이 활발하게 제기되어야 비로소 정책당국은 각성하여 성공할 경제정책을 발굴하려고 애를 썼을 것이 아닌가 말이다. 사회심리학(혹은 군중심리학)은 이 문제에 대해 다음에 살펴볼 것처럼 명쾌한 답을 제시한다.

권위에 대한 무조건적 복종은 결국 재앙을 부른다

심리학자인 스탠리 밀그램은 어느 민족에 못지않게 이성적인 독일 국민이 나치 정권의 유태인 학살에 동참한 이유를 밝히기 위해 중요한 실험을 했다. 그는 징벌이 학습 향상에 어떤 효과를 발휘하는지를 실험한다고 고지한 뒤, 실험을 직접 실시할 사람들을 모집했다. 밀그램은 조교를 피실험자로 선정하여 간단한 학습을 시킨 뒤, 실험자가 묻는 질문에 오답을 말할 때마다 전기 자극을 15볼트씩 높여가도록 했다.

전기 자극이 120볼트를 넘어서자, 피실험자는 더 이상 참을 수가 없다고 항의했고, 150볼트를 넘어서자 피실험자는 제발 실험실에서 나가게 해달라고 소리쳤다. 이런 항의와 상관없이 실험자는 피실험자에게 질문을 해댔고, 오답을 말할 때마다 전기 자극을 계속 키웠다. 165볼트를 넘어서자 피실험자는 제발 그만둬

달라고 애원했다. 하지만 질문을 계속하여 오답을 말할 때마다 전기 자극을 계속 키웠다. 피실험자가 극단적인 고통에 시달리는 모습을 보면서도 실험자는 그 실험을 계속했다. 결국 피실험자는 실신하고 말았다.

왜 실험자는 극도의 고통을 겪고 있는 피실험자를 눈앞에서 직접 보면서도 전기 자극을 계속 키웠을까? 실험자가 가학적 성격장애자(sadist)였기 때문은 아니었을까? 아니다. 선량한 사람이거나, 유순한 여자이거나 모두 마찬가지였다. 그 이유는 오직 하나, 연구자가 실험자에게 그 실험을 계속하도록 지시했기 때문이었다. 즉, 실험자는 연구자의 권위에 복종하여 그런 끔찍한 짓을 계속했던 것이다. 밀그램은 이 실험 내용을 1974년에 [권위에 대한 복종, Obedience to Authority]라는 저서를 통해 세상에 알렸다. 참고로, 피실험자인 조교는 어떤 전기 자극도 받지 않았으며, 단지 자극을 받은 것처럼 연기를 했을 따름이다.

간단히 말해서 사람은 권위에 무조건 복종하는 성향을 보인다는 것을 밀그램은 위의 실험을 통해 여실히 증명했던 것이다. 우리나라의 경제정책 실패에 대해서도 마찬가지의 해석이 가능하다. 즉, 경제정책당국은 권위를 가지고 있으며, 이에 따라 어느 누구도 이의를 제기하지 못하고 있다는 것이다. 실제로 경제정책을 수립하고 집행하는 고위 공직자는 대부분 경제학의 박사학위, 그것도 미국 등의 선진국에서 취득한 박사학위를 가지고 있다.

거기에다 고위 정책당국자라는 지위까지 가지고 있다. 그만큼 정책당국자의 권위는 막강하다.

그뿐만이 아니다. 경제학은 대단히 어렵다. 경제학의 교과서나 전문적인 논문 등을 보면 보통 사람으로서는 읽을 수조차 없는 각종 기호들과 수학식으로 가득 차 있다. 간단히 말해, 그것들은 경제문제를 경제전문가에게 맡겨야 한다고 설파하고 있는 꼴이다. 그럼 경제학은 현실적으로 얼마나 유용할까? 한마디로, 현재의 경제학은 실용성이 거의 없다. 그저 경제전문가들의 지적 유희를 위한 것에 불과하다고 해도 지나친 말이 아닐 정도이다.

예를 들어, 경제학의 중추를 이루고 있는 가격이론은 현실에서 거의 쓸모가 없다. 현 경제학의 완전경쟁과 일반균형이라는 전제조건을 가장 충실하게 만족시키는 곳은 주식시장인데, 주식시장에서조차 경제학의 가격이론에 입각하여 투자하겠다고 나서면 십중팔구는 바보 취급을 받고 만다. 실제로도 경제학의 가격이론을 이용하여 주식투자에 나서는 사람은 눈을 씻고 찾아봐도 없다. 그만큼 경제학의 가격이론은 현실에서는 무능하고 쓸모가 없다.

주식투자에 성공한 경제학자가 세계적으로 매우 희귀하다는 사실은 현재의 경제학이 얼마나 무능한가를 결정적으로 증명한다. 실제로 괄목할 만한 투자성과를 거둔 경제학자는 기껏해야 데이비드 리카도, 존 케인즈, 폴 사무엘슨 등이 손가락에 꼽힌다. 그러나 리카도는 증권브로커 출신이므로 경제학자로서 투자에 성공했다고 말하기 어렵다. 케인즈는 파산 직전에 이를 정도의 투자실패를 3번이나 겪었으므로, 이 역시 성공이라고 말하기 어렵다. 사무엘슨은 단기간에 투자에 성공을 거둔 뒤 바로 주식투자에서 손을 뗐다.

그럼 수요가 공급보다 많으면 가격이 오른다는 경제학의 가르침이 틀렸을까? 아니다. 이것은 만고의 진리이고, 경제학을 전혀 공부하지 않은 사람도 이 원리는 잘 이해하고 있고, 실생활에 잘 활용하기도 한다. 그런데 왜 현재의 가격이론은 현실에서 거의 쓸모가 없을까? 가격이론이 아직 밝혀내지 못한 경제원리가 별도로 존재하기 때문이다. 다시 말해, 현재의 가격이론은 수요와 공급의 상호작용이 가격을 결정한다고 가르치지만, 그것은 오직 가격의 변동만을 결정할 따름이다. 즉, 가격을 결정하는 원리는 별도로 존재한다는 것이다. 그런데 현재의 경제학은 이런 사실조차 아직 까마득히 모르고 있다. 비유하자면, 지구는 자전운동과 공전운동을 함께 하는데, 경제학은 이 사실을 새까맣게 모르고 있는 셈이다. 현 경제학은 아직도 천동설에 매달려 있는 꼴이다. 이 문제는 지나치게 전문적인 얘기이므로 이쯤에서 줄이기로 한다.

경제학의 또 다른 중추인 소득이론도 마찬가지이다. 소득이론이 가르치는 대로 재정적자 정책을 지속하면 오히려 경제난을 가중시키는 것이 현실이다. 대표적으로, 세계대전 이후에 경제학의 소득이론에 입각하여 재정적자 정책을 펼쳤던 미국과 영국 등은 1960년대부터 국제경쟁력 악화와 성장잠재력 약화에 시달려야 했다. 미국과 영국 등의 성장률은 독일과 일본 등보다 뒤떨어지게 되었고, 국제수지까지 대규모 적자로 전환되었다. 이 나라들의 기업들도 거의 모두 독일과 일본 등의 기업들보다 경쟁력이 떨어지게 되었다. 결국 1970년대부터는 영국과 미국은 스태그플레이션의 늪에 빠져 1980년대 초까지 심각한 경제난에 시달려야 했다. 그 뒤로는 미국이나 영국 등의 선진국들에서는 재정팽창이나 적자재정정책을 펼쳐서 경기를 부양하려는 시도를 좀처럼 하지 않는다.

물론 2008년에 미국의 서브프라임모기지 사태가 터진 것을 계기로 금융위기가 그 본거지는 물론이고 세계 각국으로 번져나갔을 때에는, 미국을 비롯한 여러 나라들이 대대적인 재정적자 정책을 펼친 적이 있다. 그리고 이것은 경제의 악순환 즉, 금융위기에 따른 통화수축, 그에 따른 총수요 위축, 그에 따른 생산 위축 그리고 고용과 투자의 부진 등이 연이어 발생하는 것을 차단하는 데에는 재정지출 확대가 필수적이었다. 그 덕택에 당시의 글로벌 금융위기는 과거에 비해 큰 타격을 입지 않고 무난히 극복할 수 있었다.

그러나 재정지출 확대는 치료약일 뿐, 영양제는 될 수가 없다는 사실을 명심할 필요가 있다. 실제로 미국은 금융위기가 어느 정도 진정되어가자 곧바로 재정건전화 정책을 펼치기 시작했다. 이것은 재정지출 확대가 국가경제의 국제경쟁력과 성장잠재력을 떨어뜨린다는 사실을 증명하고도 남는다. 그렇지 않다면 미국 등 여러 나라가 재정건전화 등의 출구전략을 모색하지는 않았을 것이다. 현재의 경제학은 이런 점마저 외면하고 있지만 말이다.

경제학이 현실에서는 위와 같이 무능함에도 불구하고, 정책당국자와 관변 경제학자의 권위는 어느 누구도 외면하지 못할 정도로 막강하다. 그래서 어느 누구도 경제정책이 실패했다는 주장을 못하고 있는 것이 우리나라의 불행한 현실이다. 그러나 나치독일의 유태인 학살에서 보듯이, 권위에 대한 무조건적인 복종은 흔히 재앙을 불러오곤 한다. 이제라도 경제정책의 실패가 경제난을 심화시킨 가장 결정적인 원인이라는 사실을 누군가는 반드시 큰 목소리로 제기해야 하고, 국민 역시 그 사실을 재인식할 필요가 있다. 그래야 경제난이 더욱 심각해져 결국은 경제재앙을 불러오는 일을 예방할 수가 있다.

무엇보다 명심할 점은, 이론과 현실은 다른 법이라는 세상의 철칙이다. 그럼, 역사적으로 위대한 학자들이 수백 년 동안에 걸쳐 이룩한 업적인 각종 이론들이 현실에 부합하지 못하는 이유는 도대체 무엇일까? 현실은 자연의 섭리 혹은 신의 섭리가 만들어낸 것이지만, 이론은 불완전한 인간이 만들어낸 것이기 때문이다. 학자들이 끊임없이 연구에 몰두하는 것은 바로 이런 점 때문이다. 즉, 학자들은 현실에 좀 더 부합하는 이론을 개발하기 위해 계속 노력하고 있는 것이다. 만약 완벽한 이론이 혹시 개발된다면, 인류의 문명은 그 순간부터 정체되고 말 것이다. 더 이상 발전할 수가 없기 때문이다. 결론적으로, 어떤 훌륭한 이론도 완벽할 수는 없고, 그래서 이론과 과학의 진화는 계속되기 마련이며, 이에 따라 인류 문명은 앞으로도 지속적으로 발전할 수가 있다.

그러나 우리나라의 경제정책 당국은 경제학의 이론에 지나치게 집착하고 있는 것이 우리의 불행한 현실이다. 실제로 끊임없이 재정지출을 팽창시키고, 화폐발행을 증가시키며 이자율을 낮추는 등 통화완화 정책을 펼치며, 환율을 방어해야 수출이 증가한다며 온갖 수단들을 동원하고 있는 것이다. 그리고 이런 정책들이 경제난을 점점 심화시키고 있는 것이다. 이것은 언뜻 듣기에 이해하기 어려울 수도 있겠다. 하지만 그게 엄연한 진실이다. 이 문제에 대해서는 뒤에 자세하게 살펴볼 것이다.

그거야 어떻든, 경제난이 심각해지고 있음에도 불구하고 국내 경제전문가 사회에서는 경제정책 실패에 대한 논의가 전혀 이뤄지지 않고 있다. 그 이유가 도대체 무엇일까? 국내 경제전문가들이 무능해서일까? 아니다. 그들이 무능한 것이 아니라, 경제학이 무능해서이다. 이미 앞에서 언급한 것처럼, 경제학의 중추를 이루고 이해하기도 비교적 쉬운 가격이론과 소득이론조차 현실에서는 유용성이 거의 없는 실정이다. 그럼 경제학은 왜 무능할까?

경제학자들이 무능해서일까? 아니다. 경제학자들은 여러 면에서 아주 뛰어나다. 그런 그들이 왜 경제학의 진화에는 좀처럼 기여하지 못했을까? 그들의 주요 관심사가 경제학의 발전이 아니라, 이념대결에서의 승리였기 때문이다.

실제로 자본주의와 사회주의의 이념대결은 20세기 전체를 우리나라는 물론이고 세계적으로도 지배했다. 이것이 경제학자들을 이념대결에서의 승리에 집착하도록 했다. 사회주의와 자본주의의 과학적 기초는 각각의 경제학 즉, 신고전파 경제학과 마르크스 경제학이므로, 이 두 학파 사이에서 극단적인 학문적 대결이 일어나는 것은 당연한 일이었다. 이것은 또 경제학이 현실을 얼마나 잘 읽어내고 진단해낼 수 있는가 그리고 얼마나 예측을 잘 해낼 수 있는가 등을 위한 경쟁이 아니라, 각 학파의 논리가 얼마나 과학적이고 치밀한가의 대결을 초래했다. 결국은 무능한 경제학을 합리화시키기 위해서 현실에서는 거의 쓸모가 없는 경제수학의 발전만을 초래하고 말았다. 실제로 경제수학에 입각한 여러 경제모델들은 매번 현실과는 동떨어진 아주 엉뚱한 경제전망을 하곤 했다.

사실, 마르크스 경제학이든 신고전파 경제학이든 그 출발점부터가 근본적인 한계를 지니고 있다. 간단히 말해, 자본주의 이념은 주로 소비와 교환의 시각에 입각하여 경제를 바라보며, 사회주의 이념은 주로 생산과 분배의 시각에 입각하여 경제를 바라본다.

그러나 경제란 소비와 교환으로만 구성되어 있거나, 생산과 분배로만 구성되어 있는 것은 아니다. 경제에는 생산, 분배, 소비, 교환이 모두 함께 존재하며, 그 중 어느 하나라도 빠지면 경제의 순환은 이뤄지지 못한다. 따라서 각각의 이념은 출발점부터 결정적인 한계를 지녔으며, 이처럼 한 쪽으로 치우친 시각은 균형감각을 상실한 가치관을 낳을 수밖에 없다. 여러 시각장애인들이 코끼리의 한 부분을 만져본 뒤에 각각 자신의 주장을 굽히지 않은 꼴을 경제학자들이 보이고 있으니, 얼마나 웃기는 얘기인가.

우선, 자본주의 이념은 주로 소비와 교환의 시각에서 경제를 바라보므로, 경제란 우리에게 시혜를 베푸는 존재로 받아들이도록 한다. 소비는 언제나 즐거움을 주고, 교환은 당사자 모두에게 이익을 안겨줄 때에 비로소 이뤄지는 속성을 지녔기 때문이다. 그래서 경제를 수호해야할 대상으로 여기며, 이런 사고방식은 '보이지 않는 손'에 의해 경제가 항상 균형을 이룬다고 믿게 한다. 자유방임주의나 보수주의는 이렇게 탄생했다. 그 바람에 시장실패의 명백한 증거인 경제공황 등의 파국을 경제학이 이론상으로는 외면하는 결과를 빚었다.

반면에, 사회주의 이념은 주로 생산과 분배의 시각에서 경제를 바라보므로, 경제란 우리에게 고통과 갈등을 안겨주는 존재로 받아들이도록 한다. 생산은 노동의 고통을 먼저 지불할 것을 요구하고, 분배는 생산참여자 사이의 갈등을 야기하는 속성을 지녔기 때문이다. 그래서 계급투쟁의 관점을 갖게 하며, 국가경제를 관리해야할 대상으로 여기게 한다. 사회주의와 계급혁명 사상은 이렇게 탄생했다. 부르주아에 의한 프롤레타리아의 착취, 노동 착취로 이룬 자본 축적이 노동자 착취를 구조화시키는 문제, 소수 자본가에 의한 다수 자본가의 소멸 등은 물론이고, 세계경제의 중심부에 의한 주변부의 착취, 그에 따른 종속이론과 남북문제, 공황이론과 제국주의 이론, 유물론에 입각한 역사적 변증법 등이 모두 편향된 시각의 산물인 셈이다.

이처럼 편향된 각각의 접근시각은 경제를 정태적으로 바라보게 하기도 한다. 생산과 분배의 시각으로만 바라보면 경제가 순환한다는 사실을 흔히 잊게 하고, 소비와 교환의 시각으로 바라볼 때도 마찬가지이다. 결국 이런 점이 각각의 경제학을 오랜 세월 정태과학의 수준에 머물도록 했다. 탄생한지 2백년이 넘은 노동가치론이나 백오십년에 가까운 균형가격이론이 모두 정태적 이론의 틀에서 아직 벗어나지 못한 근본적인 이유가 바로 이것이다. 현실의 경제는 순환하고 성장하는 등 동태적 세계에 존재하는 것이므로, 이런 현실 경제를 적절히 해명하기 위해서는 경제학도 반드시 동태과학으로 진화해야 하는데 말이다.

사회주의와 자본주의는 위와 같이 태생적 한계를 지녔지만, 그 한계를 극복하기 위해 노력하거나 서로 보완하려 노력하기보다는 서로 배척하며 극단적인 대립을 계속해왔다. 그 폐해는 이념 탄생의 여건과는 거리가 먼 한반도에서 동족살육의 참혹한 전쟁을 통해 그리고 그 후 지금까지 이어져온 분단과 이념 대립을 통해 우리 민족이 고스란히 당했다. 참으로 불행한 일이 아닐 수 없다.

이제는 소련 등의 사회주의 체제가 몰락하면서 이념대립도 거의 막을 내렸지만, 신고전파의 주류 경제학이든 마르크스학파의 비주류 경제학이든 여전히 과학적 순수성만을 추구하고 있을 뿐이다. 그래서 경제학은 현실에서 무능하기 짝이 없는 결과를 빚었다. 경제학의 발전이라는 관점에서 이것은 실로 안타까운 일이 아닐 수 없다. 그리고 그 폐해는 우리나라에서 가장 크게 나타나고 있다. 대통령 직속의 [4차산업혁명 추진위원회]가 설치된 것은 그런 대표적인 사례에 속한다. 이 문제는 뒤에 자세히 살펴볼 것이다.

3

조직은 스스로 혁신하지 못한다

근래에 들어 경제난이 심각해지기 시작한 것은 2003년부터이다. 벌써 17년이 지난 셈이다. 그렇지만 경제난은 좀처럼 해소되지 못하고 점점 심각해지기만 했다. 그렇다면 국가경제의 경영을 책임지고 있는 기획재정부와 한국은행 등의 정책당국은 경제난에서 벗어나기 위해 그동안 치열한 노력을 기울였어야 하지 않았을까? 과연 그런 노력이 없었을까? 그런 노력은 분명히 있었고 충분히 치열했다. 그런데 왜 경제난을 해소하지 못했을까? 이 물음에 대한 답은 간단하다. 실패할 정책들만을 지속적으로 펼쳤기 때문이다.

그럼, 왜 정책당국은 실패할 것이 뻔한 경제정책들만을 지속적으로 펼쳤을까? 경제정책의 실패를 정책당국이 인정할 수 없었기 때문이다. 그 이유는 또 무엇일까? 당연히 경제정책이 실패했다면 그 책임을 누군가는 져야 한다. 그러나 책임을 지는 일은 어떤 관료도 싫어하며 끝까지 기피하려고만 한다. 실패에 대한 문책을 당하면 진급 등에서 불이익을 당하기 때문이다. 그럼 정책당국을 이끌고 있는 장관 등의 고위관계자라도 실패한 당사자에게 책임을 물었어야 할 것이 아닌가? 그러나 이것도 기대하기는 난망이다. 정책의 실패를 인정하는 순간, 장관 등도 그 자리에서 당장 물러나야하기 때문이다. 새롭게 임명된 장관 등도 마찬가지이다. 신임 장관이 경제정책의 실패와 그 책임을 거론하는 순간, 관료들의 외면을 받을 것이 뻔하기 때문이다. 그래서 '조직은 스스로 혁신하지 못한다.'는 것이 조직전문가들 사이에서 정설로 굳어져 있을 것이다.

그럼 어찌해야 경제정책의 실패에서 벗어나 우리 경제를 되살려낼 수 있을까? 당연히 지금까지 실패만 거듭했던 정책들을 하루빨리 폐기해야 한다. 그런 뒤에 경제를 살려낼 정책들을 새롭게 발굴하여 집행해야 한다. 그리고 어려운 경제여건 속에서도 뛰어난 경제적 성과를 거뒀던 역사적 사례들을 치열하게 연구하여 참고하면, 우리 경제를 살려낼 정책들도 얼마든지 개발할 수 있을 것이다. 그러나 현재의 고위 관계자들이 기획재정부 등의 정책당국을 지배하고 있는 한, 그것을 기대하기는 사실상 어렵다. 자신들의 실패에 대해 책임을 지려는 관계자가 얼마나 있겠는가? 조직은 스스로 혁신하지 못하는 특성을 지녔지 않은가 말이다. 그리고 현재의 고위 정책관계자들을 배제하기도 어렵다.

그럼 어찌해야 이미 실패했던 정책들은 폐기하고, 경제를 살려낼 경제정책들을 새롭게 발굴하여 집행할 계기를 마련할 수 있을까? 기획재정부와 한국은행 등의 정책당국자들이 새로운 정책의 발굴을 할 수 없다면, 어떤 방법을 새롭게 찾아야 할까? 당연히 외부의 힘을 동원할 수밖에 없다. 다만, 정책당국에 책임을 물을 정도로 강력한 힘을 가지고 있지 않으면, 경제정책의 실패를 아무리 거론해봐야 큰 효과를 기대할 수 없을 것이 뻔하다.

그럼, 그런 강력한 힘을 가진 사람은 누구이며, 그런 곳은 어디일까? 그곳은 국회이며, 그런 힘을 가진 사람들은 집권여당과 수권야당의 국회의원들이다. 하지만 불행하게도, 우리나라 정당들은 그런 역량을 한 번도 보여준 적이 없다. 그 이유는 또 무엇일까? 한마디로, 우리나라의 기성 정당들은 하나 같이 진짜 진보나 진짜 보수가 아니기 때문이다. 다시 말해, 진보 정당이든 보수 정당이든 모두 가짜들이라는 것이다. 진짜 진보와 진짜 보수가 과연 무엇인지를 지금부터 살펴보면 그들이 왜 가짜인지를 쉽게 이해할 수 있을 것이다.

4

무엇이 진짜 진보인가?

진보란 무엇일까? 간단히 말해, 진보의 가장 중요한 덕목은 사회적 약자를 배려하고 보호하는 것이라고 할 수 있을 것이다. 그럼 어찌해야 사회적 약자를 효과적으로 배려하고 보호할 수 있을까? 당연히 가장 약한 사람들부터 보호하고 배려해야 한다. 그럼 사회적으로 가장 취약한 계층은 누구일까?

첫째는, 부모를 잘못 만난 아이들이다. 이들이 겪는 어려움은 자기책임과 무관하며, 그들은 우리나라의 미래이기도 하다. 만약 그들이 경제적 어려움을 해결하기 위해 잘못된 길로 들어선다면, 혹시라도 범죄자의 길로 들어선다면, 장차 그 비용은 또 얼마나 커지겠는가? 따라서 진보가 최우선적으로 보호하고 배려해야 할 대상은 이들, 부모를 잘못 만난 아이들이다. 부모를 잘못 만난 아이들이 올바르게 성장하도록 보호할 책임은 1차적으로 정부에 있고, 2차적으로는 사회에 있다고 해야 할 것이다.

둘째는, 자식을 잘못 둔 노인들이다. 세계에서 가장 가난한 나라에 속했던 우리나라를 세계가 부러워할 정도로까지 이끈 것이 바로 현재의 노인들이다. 이들은 우리 세대를 더 잘 키우고, 더 많이 공부시켜서, 더 잘 살도록 하기 위해 거의 모든 것을 희생했다. 그런 분들이 경제난을 겪고 있다면, 진짜 진보라면 당연히 보호하고 배려하는 데에 앞장서야 한다. 우리 세대가 그들의 혜택을 입었으니 보은하는 것은 당연한 일이다.

셋째는, 중증 장애인과 난치병 환자들이다. 이들도 인간으로서의 최소한의 존엄과 생활이 보장되어야 한다. 하지만 이들은 일할 능력조차 없다. 그리고 이들을 위한 치료비와 보호비 등은 보통 사람으로서는 상상하기 어려울 정도로 엄청나게 많이 들어간다. 따라서 진짜 진보 정치인이라면 이들을 우선적으로 보호하고 배려하는 것은 당연한 일이다.

넷째는, 일할 능력은 있으나 일할 곳을 찾지 못하고 있는 실업자들이다. 이들이 일자리를 찾을 수 있도록 최대한 노력을 기울이는 것은 진보가 마땅히 해야 할 일이다. 다만, 이 목적을 위해서는 효과적인 수단의 강구가 필수적이다. 목적과 수단을 구분하지 못하면, 오히려 그들을 더욱 어렵게 만들고 만다. 비유하자면, 돈을 잘 쓰는 목적을 위해서는 돈을 잘 버는 수단을 먼저 강구해야 한다. 만약 돈을 잘 쓰는 목적을 수단으로 삼으면, 기다리는 것은 파산일 뿐이다. 마찬가지로 일자리 창출은 목적이므로, 일자리가 효과적으로 창출될 수단을 먼저 강구해야 한다. 만약 일자리 창출이라는 목적을 수단으로 삼으면 일자리는 오히려 줄어들고 만다. 이 문제는 뒤에 다시 자세히 살펴볼 것이다.

다섯째, 진보가 보호하고 배려해야 할 대상은 노동단체조차 구성하지 못할 정도로 취약한 비조직 노동자들이다. 시간제 근로자와 일용직은 물론이고 저임에 시달리면서도 노동조합조차 구성하지 못하는 노동자들이 그들인 것이다. 이들을 보호하고 배려하는 데에 앞장서는 것도 진짜 진보가 해야 할 일이다.

그럼 우리나라의 자칭 진보들은 위와 같은 사회적 약자들을 얼마나 보호하고, 얼마나 배려하고 있을까? 진보를 자처하는 정당들과 정치인들은 이들에게 얼마나 큰 관심을 기울여왔을까? 평균 연봉이 1억 원에 육박하는 노동 귀족들을 우선적으로 보호하고 배려하는 데에나 앞장 선 것은 아닌가? 굳이 정치권의 보호와 배려가 없어도, 노동단체의 힘만으로도 충분히 권리를 보호할 수 있는 노동자들에게만 관심을 기울였던 것이 현재의 진보를 자처하는 정당들과 정치인들은 아닐까? 진짜 사회적 약자들은 외면한 채, 조직력과 활동력을 갖춘 그들에게 접근함으로써 정치적 이익만 챙기려 했던 것은 아닌가? 현재의 자칭 진보들은 '진보 장사치'에 불과한 것은 아닌가?

진보를 하려거든 제대로 올바르게 해야 한다. 한마디로 마르크스가 거듭거듭 강조한 것처럼, 과학적 진보를 해야 한다는 것이다. 우선, 과학적 진보를 하려면 현실과 친화적이어야 한다. 과학은 현실에 바탕을 두어야 하기 때문이다. 만약 현실이 진보적인 정책을 거부한다면 즉, 진보적인 정책이 경제난을 초래한다면, 마땅히 그 정책은 즉각 폐기해야 한다. 이것이 진짜 진보가 해야 할 일이다. 경제난이 심각해지면 해고를 당해도 못사는 사람부터 당하고, 사업이 망해도 영세업체부터 망하기 때문이다. 따라서 사회적 약자를 보호하고 배려해야하는 진보로서는 경제난을 어느 무엇보다 먼저 경계해야 한다.

다음으로, 진짜 진보는 목적과 수단을 구분할 줄 알아야한다. 이미 앞에서 비유한 것처럼, 돈을 잘 쓰는 것은 목적이고, 돈을 잘 버는 것은 수단이다. 만약 목적과 수단을 구분하지 못하고, 돈을 잘 쓰는 목적을 수단으로 삼으면 어떤 일이 벌어질까? 당연히 파산하고 만다. 국가경제도 마찬가지이다. 목적만을 앞세우다가는 국가경제가 당연히 파산을 맞는 것이다. 베네수엘라가 세계 최고의 석유 매장량을 자랑하면서도 지금 심각한 경제난과 정치적 난국에 처한 것도 국민복지라는 목적만을 내세우고 그 목적을 위한 수단을 강구하지 않았기 때문이다. 이와 비슷한 사례는 세계사에 이루 헤아리기 어려울 정도로 많다.

끝으로, 진짜 진보는 원인과 결과도 구분할 줄 알아야 한다. 예를 들어, 경제난의 원인을 알아야 경제난에서 탈출할 경제정책도 마련될 수가 있다. 의사가 환자를 치료하기 위해서는 무엇보다 먼저 환자를 잘 진찰하여 질병의 원인이 어디에 있는지를 먼저 밝혀야 하는 것과 마찬가지이다. 그리고 그 원인에 직접 처방해야 환자를 효과저으로 치료해낼 수가 있다. 그러나 국내의 자칭 진보정당들은 이런 점에 대해서는 관심조차 기울이지 않고 있다. 경제난의 원인이 어디에 있는가를 치열한 노력을 통해 먼저 밝혀야 했으나, 이런 노력은 어디에서도 찾아보기 어려운 것이 우리나라의 불행한 현실이다. 오직 경제난이라는 결과에만 정책처방을 하고 있으며, 이런 근시안적인 정책처방은 경제난의 해소를 더욱 어렵게 만들고 있을 뿐이다. 이 문제는 뒤에 다시 자세히 살펴볼 것이다.

5

무엇이 진짜 보수인가?

보수란 무엇일까? 한마디로, 보수는 지키자는 것이다. 그럼 무엇부터 지켜야 할까? 그 첫째는 민족이다. 민족이 국권을 잃었으면 독립투쟁을 하는 것이 진짜 보수이다. 하지만 현재의 자칭 보수는 오히려 일제 부역자들을 보호하는 데에 앞장서고 있는 것은 아닌가? 독립투쟁의 산실이었던 상해 임시정부를 자칭 보수 정당들과 정치인들이 부정하고 있는 것은 아닌가?

그리고 민족이 지금처럼 둘로 갈라져 있으면, 당연히 통일운동을 하는 것이 진짜 보수가 해야 할 일이다. 보수가 지켜야 할 첫째의 대상은 민족이기 때문이다. 그런데 현재의 자칭 보수단체들은 통일 비용, 북한 인권, 색깔논쟁 등을 내세워 통일을 방해하고 있는 것은 아닌가? 남북의 극단적인 대치만을 도모하고 있는 것은 아닌가? 자칭 보수라는 정권에서 남북화해의 시작이었던

금강산 관광과 개성공단을 폐쇄했지 않은가 말이다.

둘째, 보수가 지켜야 할 대상은 국가이다. 그리고 국가를 지키기 위해서는 국방의무와 납세의무를 충실히 이행해야 한다. 현재의 자칭 보수는 과연 국방의무와 납세의무를 얼마나 충실히 이행하고 있을까? 자칭 보수정당의 정치인들은 병역면제를 받은 비율이 왜 높은 것일까? 그리고 그들은 과연 납세의 의무라도 충실히 이행하고 있을까? 서민들도 20만 원 이상의 건강보험료를 납부할 때에 수백억 원의 재산을 가지고도 1만5천 원의 건강보험료를 납부했던 정치인이 자칭 보수정당의 대통령으로 당선되었던 것은 어떤 의미일까?

무엇보다, 국가의 주인은 국민이다. 국민이 그 주권을 독재자에게 빼앗겼다면, 민주화 투쟁을 하는 것이 진짜 보수이다. 세계적으로 민주화가 진척되지 않고도 경제성장을 지속한 나라가 단하나도 없다는 사실은 민주화 투쟁의 중요성을 한층 더 일깨워준다. 실제로 우리나라가 1950년대 말에 경제개발계획의 모델로 삼았던, 그만큼 일찍이 경제성장을 이뤄냈던 필리핀, 미얀마, 파키스탄 등은 독재정권이 오랜 세월 유지됨으로써 장기간 경제성장이 거의 멈추고 말았다. 결국 필리핀의 국민소득은 현재 3천 달러에도 미치지 못하여 우리나라의 1/10에 불과하다. 파키스탄은 필리핀의 절반에 불과한 1,500달러이고, 미얀마는 1,000달러에도 미치지 못한다.

반면에, 우리나라는 민주화 투쟁이 다른 어느 개도국보다 치열했고 장기간 이어졌다. 비록 4·19혁명은 군사쿠데타로 무너졌지만, 그 정신은 살아남아서 엄혹한 군사독재정권 시절에도 치열한 민주화 투쟁이 꾸준히 이어졌다. 특히, 광주민주항쟁은 군부가 총칼을 무서워하지 않는 시민들을 두려워하는 계기를 마련했고, 결국은 정치적 민주화의 완성에 결정적으로 기여했다.

그러나 현실은 이게 아니다. 국내의 자칭 보수들은 민주화 투쟁을 폄하하고 있을 뿐이다. 오히려 광주민주항쟁을 왜곡하는 데에 앞장서고 있는 것이 우리나라 자칭 보수들의 현주소이다. 이들이 어찌 진짜 보수란 말인가? 그들은 보수의 탈을 쓴 시대의 반동일 따름이다.

그 다음으로, 보수가 지켜야 할 대상은 사회의 건강성이고, 가정이며, 개인의 자유와 권리이다. 그럼 자칭 보수 정당들과 정치인들은 사회의 건강성과 가정 그리고 개인의 자유와 권리를 보호하고 지키는 데에 얼마나 열심히 노력했는가? 지역차별을 강화하고 지역감정을 조장함으로써 사회의 건강성과 결속력을 오히려 훼손해왔던 것은 아닌가? 종북 논쟁과 좌파 논쟁 등을 불러일으켜 사회분열을 오히려 가중시킨 것은 아닌가? 개인의 자유와 권리를 억압했던 과거의 독재정권을 아직도 찬양하고 있는 것은 아닌가?

무엇보다 중요한 점, 보수는 우리 민족과 국가에 대한 자긍

심과 자신감부터 갖춰야 한다는 것이다. 그래야 '지키자'는 얘기를 앞장서서 할 수가 있을 것이기 때문이다. 그러나 현재의 자칭 보수들에서는 이런 자긍심과 자신감을 좀처럼 찾아볼 수가 없다. 독립국가의 중요한 필수조건인 전시작전권의 회복조차 그들은 반대하고 있을 정도이다. 오히려 그들은 외세 의존적인 태도를 보이거나 사대주의적 발상에 젖어 있다. 어떤 자칭 보수집단들은 집회를 할 때마다 성조기를 흔들 정도이니 말이다. 물론 국토방위도 보수의 본분이지만, 남한은 북한의 GDP보다 훨씬 더 많은 국방비를 지불하고 있다는 사실을 먼저 인식할 필요가 있다.

결론적으로, 국내의 자칭 보수는 진짜 보수가 아니다. 일제 부역행위를 정당화하고, 독립투쟁의 산실인 상해임시정부를 부정하며, 통일을 방해하는 것에 그치지 않고 뒷걸음치게 하는 데에 앞장서는 정당과 정치인이 어찌 보수를 자처할 수 있다는 말인가? 국방의 의무와 납세의 의무를 가볍게 여기는 정당과 정치인 그리고 종북좌파를 비난하는 등의 이념논쟁과 지역차별의 고착화 등으로 사회분열을 획책하는 정당과 정치인이 어찌 보수를 자처할 수 있다는 말인가? 반복하거니와, 그들은 보수가 아니라 시대의 '반동'일 따름이다.

6

정치세력의 전면 교체가 없으면, 나라의 미래도 없다

왜 우리나라 정치권에서는 진짜 진보와 진짜 보수를 찾아보기 어려울까? 정치권의 세대교체가 이뤄지지 않아서 그럴까? 아니다. 국회의원 선거가 치러질 때마다 세대교체는 꾸준히 이뤄져 왔다. 40% 이상의 세대교체가 이루어진 적도 제법 많았다. 그렇다면 세대교체는 정답이 아니다. 세력교체만이 우리 민족과 나라의 장래를 밝힐 수가 있다. 즉, 가짜 진보와 가짜 보수들이 대세를 이루고 있는 정치판을 갈아엎어서 진짜 진보와 진짜 보수로 대체해야한다는 것이다.

이게 가능한 일일까? 현재로서는 아니다. 각 정당의 국회의원후보 공천제도가 현재처럼 유지되는 한 그것은 불가능하다. 현재의 공천제도는 권리당원들의 투표나 일반 국민들의 여론조사에 의존하고 있다. 그러나 이것은 '깜깜이 투표, 깜깜이 여론조사'

일 뿐이다. 오직 후보자의 대중적인 인지도 그리고 학력과 경력 등의 스펙만으로 선정하는 제도인 것이다. 그러나 스펙은 스펙일 따름이다. 대중적인 인지도 역시 마찬가지이다. 그것들이 후보의 역량을 증명하지는 않는다는 것이다. 아무리 뛰어난 신장과 체중 등의 체격조건을 갖춘 사람이더라도 뛰어난 운동선수가 될 수는 없는 것과 마찬가지이다.

따라서 후보들 사이의 치열한 토론과 상호비판을 통해서 그들의 역량이 자연스럽게 드러날 수 있도록 입후보자를 선정하는 제도로 개혁하는 것이 필요하다. 무엇보다, 후보자들이 진짜 진보와 보수인지 아니면 가짜 보수와 진보인지 등을 투표자인 당원들과 국민들이 사전에 명백히 알아볼 수 있어야 한다. 인터넷 등 온라인이 발달한 현재는 그런 제도를 만드는 것이 얼마든지 가능하다.

실제로 프랑스에서는 이런 기적 같은 일이 이미 벌어진 바 있다. 2018년 프랑스의 국회의원 선거에서 '전진하는 공화국'이라는 정당이 프랑스 역사에서는 드물게 총 577석 중에서 310석을 차지함으로써 과반의석을 확보한 것이다. 이 '전진하는 공화국'은 인구 15만 명에 불과한 프랑스의 에미앙이라는 소도시에서 현재의 마크롱 대통령을 지지하기 위한 온라인 조직으로 출발하였다. 그리고 마크롱이 대통령 선거에서 승리한 직후에는 정당으로 전환하여 국회의원 총선에 나섰다. '전진하는 공화국'은 주로 정치 신인들을 공천하여 프랑스 정치판을 지배하고 있던 기라성 같은 기성 정치인들을 패퇴시키고 위와 같은 뛰어난 성과를 거뒀던 것이다. 우리나라에서도 이런 일이 가능하지 않을까?

사실, 지금처럼 가짜들이 정치권을 지배하는 한, 나라와 민족의 미래는 어두울 수밖에 없다. 가짜 진보와 가짜 보수가 할 수 있는 일이 무엇이겠는가? 가짜들이 무슨 능력을 갖췄겠는가? 가짜가 실력을 갖춘 경우가 과연 있기나 할까? 무능한 가짜들이 할 수 있는 일은 기껏해야 국민들의 말초신경을 자극하여 인기나 얻으려고 하는 것이 고작이다. 국민 혈세를 뜯어서 자신들의 지지자에게 선심을 쓰는 정책이나 펼치는 것이 그들이 할 수 있는 거의 모든 일이다.

예를 하나만 들어보자. 소위 '청년 주택'을 정책적으로 공급하는 것은 과연 국가적으로 바람직한 일일까? 20대와 30대의 청년들은 약 1,150만 명에 이르지만, 정책적으로 공급하는 주택은 기껏해야 2~3만 채에 불과하다. 청년들 중에서 '청년 주택'의 혜택을 받는 비중은 전체의 0.2~0.3%에 불과한 셈이다. 이게 과연 바람직한 일일까? 혹시 우리나라를 '로또 천국', 사행심 천국으로 만들려는 것은 아닐까? 청년들이 이런 요행에나 매달리면 장차 어떤 일이 벌어질까? '청년 주택'은 참으로 어이없는 정책이 아닐 수 없다. 물론 '청년 주택'에 당첨된 사람들은 이 정책을 펼치는 정당의 절대적 지지자로 변신시킬 수가 있을 것이다. 그러나 이것은 국가적으로 바람직한 일이 결코 아니다. 국가의 미래는 고려치 않고 오직 정파적 이익에만 매달리고 있으니 말이다.

이래서는 안 된다. 진짜 진보와 진짜 보수들이 나서서 정치판을 갈아엎어야 한다. 가짜 진보와 가짜 보수가 지배하고 있는 정치권을 전면적으로 교체해야 한다. 정치세력을 진짜 진보와 진짜 보수로 모두 교체해야 우리 경제도 비로소 살려낼 길이 찾아질 수가 있을 것이다. 경제가 살아나야 다른 어떤 국가적인 목적이나 사업도 훌륭하게 수행해낼 수가 있을 것이다.

경제가 지금처럼 지속적으로 하강곡선을 그리다가는 결국은 대한민국이 침몰하는 불상사가 벌어질 수도 있다. 하루빨리 경제를 살려내는 일이 급선무이고, 이를 위해서는 정치세력을 전면적으로 교체해야 한다. 우리는 이것이 얼마든지 가능한 일이라고 믿는다. 그럼, 어떻게 해야 이런 일을 실현시킬 수 있을까?

당연히 누군가는 앞장서서 그 일을 적극적으로 추진해야 한다. 나이만 먹은 어른들이 그런 일을 제대로 해낼 수 있을까? 아니다, 이것은 기대하기 어렵다. 나이만 먹은 사람들은 대체적으로 기득권에 안주하려는 경향을 보이기 때문이다. 다시 말해, 올바른 의식과 행동력이 충만한 젊은이들이 적극적으로 움직여야 한다는 것이다. 설령 나이가 들었더라도 마음만은 청년인 사람들도 적극적으로 동참하여 행동하는 모습을 보여줘야 한다. 이것은 나이든 양심적인 사람들의 책임이기도 하다. 행동하지 않는 양심은 악의 편일 따름이다.

장차 젊은이들이 적극적으로 행동에 나섬으로써 우리나라 정치판이 진짜 진보와 진짜 보수로 새롭게 짜여진다면, 경제를 살려낼 길도 얼마든지 마련할 수가 있을 것으로 우리는 확신한다. 보수든 진보든 진짜만이 비로소 유능해질 수가 있기 때문이다. 그러면 그 성과는 미래에 나타날 것이며, 그 혜택은 오늘의 젊은이들이 고스란히 차지하게 될 것이다.

경제 살리기는 경제난의 원인을 파악하는 일부터

경제성장은 모든 정치적 목적의 수단이다. 이 수단이 강구되지 않으면 어떤 정치적 목적도 좀처럼 달성하기가 어렵다. 아니, 오직 목적만을 추구하면 오히려 재앙을 부르는 것이 일반적이다. 이미 앞에서 반복하여 비유했듯이, 돈을 잘 쓰는 목적을 위해서는 돈을 잘 버는 수단이 먼저 강구되어야 한다. 만약 돈을 잘 쓰는 목적을 수단으로 삼으면 당연히 파산하고 만다. 이 말을 또 반복하는 것은 우리 현실에서는 목적과 수단의 구별이 좀처럼 잘 이뤄지지 않고 있기 때문이다. 실제로 경제성장이라는 수단을 강구하지 않고, 복지를 확대하는 일이 지금 문재인 정권에서 버젓이 일어나고 있다.

그렇다고 수단만 강조하자는 것은 아니다. 목적이 없는 수단은 무한질주를 낳고, 결국은 경제공황과 같은 대형 사고를 일으키는 것이 보통이다. 실제로 수단의 무한질주는 경제재앙을 불렀던 것은 세계경제사가 여실히 증명했다. 한마디로, 경제성장이라는 수단은 국민복지의 증대라는 목적을 반드시 수반해야 한다는 것이다. 다만, 그 순서가 문제일 따름이다. 즉, 국민복지의 증대라는 목적을 추구하기 이전에 경제성장이라는 수단이 먼저 강구되어야 한다는 것이다. 수단은 먼저 강구하되, 목적은 영원히 지속시켜야 한다는 것이다.

그럼 어떻게 해야 경제를 제대로 빠르게 그리고 지속가능하게 성장시킬 수 있을까? 우선은 경제성장을 제약하고 있는 것들부터 제거해야 한다. 그래야 경제성장의 필요조건이 충족될 수 있다. 그럼, 경제성장을 제약하는 것에는 어떤 것들이 있을까? 그것은 현재의 경제난을 초래한 여러 원인들이다. 현재의 경제난을 초래한 이런 원인들을 제거하지 않으면, 아무리 뛰어난 경제정책을 펼치더라도 큰 성과를 거두기는 어렵다.

비유하자면, 아무리 좋은 체격조건과 실력을 갖춘 운동선수이더라도 질병에 걸렸다면, 뛰어난 성과를 거두기가 어렵다. 우선 질병부터 치료해야 비로소 운동을 제대로 할 수 있다. 그럼 어떻게 해야 질병을 효과적으로 치료할 수 있을까? 의사가 환자를 잘 치료하기 위해서는 질병의 원인이 무엇인지부터 진찰해내야 한다. 경제를 살려내는 일도 마찬가지이다.

거듭 강조하거니와, 우리 경제를 살려내려면 무엇보다 먼저 경제난의 원인이 무엇인지부터 찾아내야 한다. 그럼 현재와 같은 경제난이 초래된 원인에는 어떤 것들이 있을까? 그 원인을 찾아내기 위해서는 경제난이 시작된 때로 되돌아가야 한다. 그럼 그때가 언제일까? 이미 앞에서 밝혔듯이, 우리 경제의 성장률이 갑자기 뚝 떨어지기 시작한 것은 노무현 정권 때부터이다. 김대중 정권 시절에는 연평균 성장률이 8.0%에 이르렀었는데, 노무현 정권 때에는 4.7%로 거의 반 토막이 났던 것이다. 그 뒤로도 성장률은 정권이 바뀔 때마다 더욱 떨어졌으므로, 이명박 정권과 박근혜 정권 그리고 문재인 정권에서는 어떤 정책들이 실패했는지 등도 추가로 밝혀야 한다.

그럼 각각의 정권에서는 구체적으로 어떤 경제정책들이 실패하여 경제난을 초래했을까? 어떤 경제정책이 실패했는지는 또 어찌해야 밝혀낼 수 있을까? 이것은 비교적 쉽다. 즉, 상식적으로 접근하면 어떤 경제정책이 실패했는지를 금방 포착할 수 있다는 것이다. 그게 어떤 방법일까? 경제성장률이 갑자기 뚝 떨어졌다는 것은 무엇인가 중대한 원인이 먼저 작용했다는 것을 뜻한다.

그럼, 그 중대한 원인은 어찌해야 밝혀낼 수 있을까? 중대한 원인이 작동을 시작했다면 경제지표 중에서 어느 것인가는 반드시 이상하고 중대한 변동을 이미 보였을 것이 뻔하다. 따라서 경제지표 중에서 이상하고 중대한 변동을 보인 것을 찾아낸다면, 경제난을 초래한 원인도 쉽게 파악할 수가 있다.

이상의 논의가 다소 어려울 수도 있을 것이다. 하지만 바로 다음에 각 정권이 실패했던 경제정책을 역추적해 가는 과정을 살펴보면, 그 이해가 비교적 쉬워질 것이다. 지금부터는 노무현 정권, 이명박 정권, 박근혜 정권 그리고 문재인 정권에서는 각각 어떤 경제정책을 펼쳤기에 경제성장률을 줄기차게 떨어뜨렸는지를 본격적으로 살펴볼 것이다.

그러면 우리 경제의 회생조건을 충족시킬 정책수단을 강구할 수 있을 것이다. 다시 말해, 실패한 정책들을 구체적으로 밝혀서 그것들을 즉각 중단하면, 경제를 살려낼 계기를 마련할 수가 있다는 것이다. 그런 다음에야 비로소 우리 경제를 살려낼 구체적인 경제정책들도 새롭게 발굴할 수가 있을 것이다.

2
부

역대 정권의
경제정책 평가

1

노무현 정권의 경제정책 실패

노무현 정권 시절에는 경제여건이 비교적 양호했다. 국내적으로는 경상수지가 대규모 흑자를 지속적으로 기록했으며, 물가 역시 비교적 안정적이었다. 경제성장을 제약하는 어떤 경제변수도 찾아볼 수 없었다. 경제성장을 결정적으로 제약하는 변수는 국제수지 악화와 물가불안이기 때문에 더욱 그렇다. 국제적으로도 마찬가지였다. 당시에 미국은 초장기 경기호조를 이어가고 있었고, 우리나라의 다른 주요 교역국들도 크게 다르지 않았다. 따라서 경제성장의 지속가능성은 어느 정권 때보다 양호했다. 그러나 노무현 정권이 들어서자마자 앞에서 이미 언급한 것처럼 성장률이 뚝 떨어졌다. 그 이유가 도대체 무엇일까?

우리나라 성장률이 갑자기 크게 하락한 이유를 찾는 것은 비교적 쉽다. 앞에서 언급한 것처럼, 경제지표 중에서 이상하고 중대한 변동을 보인 것을 찾아내기만 하면 그 이유는 쉽게 찾아질 수가 있는 것이다. 그게 과연 무엇이었을까? 한국은행의 통계월보를 보면, 다른 모든 경제지표들은 크게 변동을 하지 않았는데, 오직 하나, 가계신용의 증가율만 과거와 다르게 크게 축소되었다. 한마디로, 이것이 바로 노무현 정권에서 경제성장률이 추락했던 근본적인 원인이었던 셈이다.

아래 표에서 보듯이, 가계신용 증가율이 2002년의 28.5%에서 2003년에는 갑자기 1.9%로 크게 떨어졌다. 그 후로도 노무현 정권은 가계신용 증가율을 계속 낮은 수준에서 유지했다. 그 이유가 무엇이었을까? 당시에 가계부채 문제가 국가적 현안과제로 대두되어 경제에 큰 폐해를 끼칠 것이라는 어이없는 분위기가 지식인 사회에 팽배했기 때문이다. 이것을 기회로 노무현 정권은 김대중 정권과의 차별화를 시도했다. 가계부채를 축소한다면서 가계신용을 극단적으로 축소시켰던 것이다.

참고로, 가계신용은 통화의 범주에 포함시켜도 무방하다. 가계신용이 한국은행의 통계월보에 실릴 정도이니 통화의 일종이라고 보는 것이 옳다. 이 통화는 우리 몸의 혈액과 같은 역할을 한다. 만약 우리 몸의 혈액이 갑자기 줄어들면 어떤 일이 벌어질까? 당연히 신체의 여러 기능이 제대로 작동하지 못하고, 이에 따라 활동력이 크게 떨어지고 만다. 최악의 경우에는 자칫 목숨을 잃을 수도 있다. 경제에서도 마찬가지이다. 통화의 유통량이 갑자기 줄어들면 경제활동은 위축될 수밖에 없고, 경제성장률도 떨어질 수밖에 없다. 이런 경제원리가 노무현 정권 당시에 작동했던 것이다.

실제로 노무현 정권은 가계신용의 증가율을 이미 앞에서 언급했듯이, 2002년의 28.5%에서 2003년에 1.9%로 억제함으로써 통화의 증가율을 축소시켰다. 그랬으니 국내경기가 하강압력을 받는 것은 당연했다. 그 결과로 우리나라 성장률은 2002년의 7.4%에서 2003년에 2.9%로 뚝 떨어졌던 것이다. 이것은 참으로 어이없고 불행한 일이었다. 만약 노무현 정권이 위에서 언급한 가장 기초적인 경제학적 상식만 갖췄더라면, 이런 비극은 일어나지 않았을 것이다.

가계신용 증가율과 성장률 추이

구분	2002	2003	2004	2005	2006	2007
가계신용	28.5	1.9	6.1	9.9	11.6	8.4
성장률	7.4	2.9	4.9	3.9	5.2	5.5

자료 : 조사통계월보 20016년 8월호, 한국은행

당시에는 미국의 성장률이 2002년 1.6%에서 2003년 2.5%로 상승했고 2004년에는 3.9%로 더 상승하는 등 세계경제가 본격적 회복세를 보이던 때였으므로, 우리나라 성장률이 2002년의 7.4%에서 2003년에 2.9%로 뚝 떨어질 이유는 가계대출 억제를 제외하고는 다른 어느 것도 찾아내기 어렵다. 오히려 2004년에는 수출증가율이 무려 31%에 달했고 그 후로도 10%를 훌쩍 넘었으므로, 성장률은 계속 높은 수준을 기록하는 게 순리였다.

역사적으로 살펴보면, 다른 경제변수들이 성장률을 떨어뜨리지 않았던 1990년대 중반까지는, 수출증가율이 10% 이상만 기록하더라도 성장률은 대부분 8% 이상을 기록했었다. 하지만 수출증가율이 각각 31.4%와 11.4%를 기록했던 2004년과 2005년의 성장률조차 4.9%와 3.9%에 불과했다. 2006년과 2007년에는 가계신용 증가율이 약간이나마 회복되면서 성장률이 다소 호전되었으나 여전히 5%를 약간 넘는 수준에 머물렀다. 그러나 이것은 만족할만한 실적이 결코 아니었다. 수출 증가율이 2006년에는 15.4% 그리고 2007년에는 16.3%에 달했기 때문이다. 만약 가계신용이 위와 같이 억제되지 않았더라면, 우리나라 경제성장률은 당시에 8% 이상을 기록했을 것이 틀림없다.

과거의 경제지표를 살펴보면, 가계신용을 포함한 통화의 증가율은 성장률의 세 배 이상이었던 것이 우리 경제의 역사적 경험이었다. 성장률은 부가가치의 증가율인 반면에, 총 거래액은 그 4배에 가깝기 때문이다. 통화의 증가율이 성장률보다 3~4배는 되어야 국내경기를 하강시키는 압력으로 작용하지 않았던 것이다. 그러니 가계신용을 억제하면 성장률은 당연히 낮아질 수밖에 없다. 노무현 정권은 이런 가장 기초적인 역사적 사실마저 외면했다. 그리고 가계부채를 억제해야 한다고 앞장서서 주장했던 사람은 계속 승진하여 장관까지 역임하기도 했다. 노무현 정권의 소위 실세들은 가짜 진보라서 그런 기초적인 경제학적 상식마저 갖추지 못했던 셈이다. 이것은 얼마나 불행한 일이었던가. 이것은 또 얼마나 한심한 일이었던가.

만약 노무현 정권에서 성장률이 위와 같이 뚝 떨어지지 않았더라면, 만약 7%대의 성장률만 유지했더라면, 어떤 일이 벌어졌을까? 당연히 정권이 교체되어 성장률이 더욱 떨어지는 일도 벌어지지 않았을 가능성이 높다. 그랬더라면 우리나라는 지금쯤 국민소득 5만 달러를 얼마든지 넘어섰을 것이다. 이런 점을 생각할 때마다 안타깝고 아쉬운 생각만 든다.

당시의 우리나라 가계부채가 진짜로 심각했을까? 아니다. 당시에 우리나라 가계부채의 대GDP 비율은 55%에 불과하여 다른 선진국 수준과 비교하면 현저히 낮았다. 예를 들어 미국은 이미 1980년대 말에 70%를 웃돌았고, 1990년대 중반에는 90%를 넘었으며, 2006년에는 100%를 훌쩍 넘었다. 따라서 우리나라 가계부채 문제는 심각하게 여길 이유가 전혀 없었다.

가계부채 문제는 우리나라의 성장률만 낮추는 데에서 멈추지 않았다. 가계대출을 극단적으로 억제하자 경기가 부진해졌고, 경기가 부진해지자 기업의 투자가 빠르게 감소했다. 그 바람에 시중에는 유동자금이 넘쳐났으며 그 자금이 찾아갈 곳은 부동산 시장밖에 없었다. 그래서 부동산 경기가 급상승했고, 이에 따라 부동산 매입을 위한 가계대출이 크게 증가했다. 결국 가계부채 비율은 2013년에 70%를 넘어섰다.

가계부채를 축소하기 위해 가계대출을 억제했던 정책이 오히려 가계부채 문제를 더욱 심각하게 만든 꼴이었다. 이것은 또 얼마나 한심한 일이었던가? 가계부채를 축소하겠다던 정책이 오히려 가계부채 비율을 더욱 높였으니 말이다. 참고로, 우리가 당시에 부동산 투기를 미리 강력하게 경고했던 것도 위에서 언급한 경제원리의 작동을 면밀히 점검한 결과였다.

아직까지도 대부분의 국내 경제전문가는 가계부채가 우리 경제의 가장 큰 문제 중 하나로 여기고 있다. 그러나 이것은 틀렸다. 세계적으로 GDP 대비 가계부채 비율이 높은 나라는 소득수준도 높고 경제도 안정적이지만, 가계부채 비율이 낮은 나라는 국민소득이 낮거나 경제난이 심각하기 때문이다.

대표적으로 덴마크는 145%, 스위스와 네덜란드와 스웨덴은 130%를 넘으며, 미국도 120%를 넘는다. 이 나라들은 소득수준도 높고 경제도 비교적 안정적이다. 반면에, 개도국의 가계부채 비율은 무시해도 좋을 정도로 아주 낮다. 그뿐만이 아니다. 선진국 중에서도 경제위기에 종종 노출되거나 장기간 저성장에 시달리는 나라일수록 가계부채 비율은 낮다. 대표적으로 그리스는 40%대에 불과하고, 프랑스와 이탈리아는 50%대, 일본은 60%대, 독일은 70%대이다.

　가계부채 비율이 높은 나라일수록 소득이 많고 경제는 안정적이며 성장률도 상대적으로 높은 이유는 도대체 무엇일까? 그 이유 역시 아주 상식적이다. 즉, 가계부채가 많다는 것은 자본축적이 기업의 투자를 충당하고도 남을 정도로 충분하다는 것을 뜻하는 것이다. 자본축적이 충분하다는 것은 결코 나쁜 일이 아니다. 자본축적이 충분해야 이자율이 자연스럽게 낮아질 수 있고, 그래야 기업투자가 활발하여 경제성장에 기여하는 것이다.

　사실 우리나라에서도 외환위기 전까지는 보통 사람이 은행 대출을 받는 일은 상상조차 할 수 없었다. 은행으로서는 여러 가구에 소액으로 대출하는 비용보다 소수의 기업에 거액으로 대출하는 비용이 훨씬 저렴하여 이익이 더 커지기 때문이었다. 그래서 가계는 높은 이자의 사채나 일수 그리고 언제 깨질지 모를 계에 의존해야했다. 당시는 자본축적이 그만큼 충분하지 못했던 것이다.

　현실이 이럼에도 불구하고 국내 경제전문가는 물론이고 정책당국까지도 여전히 가계부채를 억제해야 한다고 흔히 주장한다. 이것은 또 얼마나 한심한 일인가. 가짜 진보와 가짜 보수의 진면목은 여기에서도 여실히 드러난다. 물론 정책당국으로서는 경기부진의 원인을 가계부채의 탓으로 돌릴 수 있어서 정책실패의 책임에서 쉽게 벗어날 수 있었다. 하지만 이런 태도는 경기부진을

일으킨 원인을 찾을 수 없게 하고, 경제를 살려낼 길을 봉쇄하곤
한다.

2

이명박 정권의 경제정책 실패

    노무현 정권의 마지막 해에는 5.5%였던 성장율이, 경제를 기필코 살려내겠다던 이명박 정권이 들어선 직후부터 오히려 뚝뚝 떨어지기 시작했던 이유가 도대체 무엇일까? 실제로 아래 표에서 보듯이, 2008년의 성장률은 2.8%로 거의 반 토막이 났고, 2009년에는 0.7%를 기록했으며, 2010년에는 6.5%로 회복되었으나 2011년과 2012년에는 각각 3.7%와 2.3%로 떨어지고 말았다.

2007년~2012년의 경제성장률 추이

구분	2007	2008	2009	2010	2011	2012
성장률	5.5	2.8	0.7	6.5	3.7	2.3

자료 : 한국은행 경제통계연보 2018

    무슨 수단을 쓰든지 성장률을 어떻게든 7% 이상으로 끌어올리겠다던 이명박 정권에서 경제성장률이 위와 같이 크게 떨어져 경제난이 점점 더 심각해지기만 했던 이유가 무엇일까? 당연히 경제정책이 실패했기 때문이다. 도대체 어떤 경제정책이 실패하여 성장률이 오히려 떨어졌을까?

이 세상에서 원인도 없이 중대한 사태가 터지는 경우는 거의 없다. 무엇인가 원인이 먼저 발생해야 어떤 과정인가를 거쳐 중대한 사태로 발전하는 것이다. 그럼 그 원인은 무엇이었을까? 이것을 찾는 것은 아주 쉽다. 이미 앞에서 거듭 밝힌 바처럼, 경제지표 중에서 어느 것인가는 아주 이상하고 중대한 변동을 이미 보였을 것이기 때문이다. 그것은 바로 외환보유고였다.

이명박 정권이 출범하던 때인 2007년 2월과 3월에는 일시적이었지만 경상수지가 적자를 기록했다. 그렇다면 외환보유고도 그만큼 줄어드는 것이 순리였다. 그러나 현실에서는 외환보유고가 오히려 증가했다. 그럼 외환보유고는 왜 증가했을까? 한마디로, 이명박 정권이 환율을 인상하는 정책을 펼쳤기 때문이다. 다시 말해 이명박 정부의 환율인상 정책이 성장률을 떨어뜨림으로써 경제난을 노무현 정권 때보다 더욱 심화시켰던 것이다. 이 문제는 다소 난해하지만 그리고 다소 번거롭지만, 우리 경제의 앞날을 위해 아주 중요하므로 좀 더 자세하게 그리고 전문적으로 살펴볼 필요가 있다. 참고로, 아래 내용은 [예측이 가능한 경제학]의 '국제교역과 환율의 운동원리' 중에서 '왜 환율인가'의 내용을 거의 그대로 전재했다.

가. 환율을 인상시킨 정책이 경기하강을 일으켰다

2008년 2월에 이명박 정권은 '성장률 7%, 국민소득 4만 달러, 세계 7대 경제대국'이라는 꿈같은 공약을 내세워 출범했고, 경제를 살리는 데에 올인 하겠다고 선언했다. 당연히 그 첫걸음은 성장률을 높이는 일이었다. 성장률을 높이기 위해서는 수출을 늘려야 하고, 수출을 늘리기 위해서는 환율을 끌어올려야 한다고 이명박 정권은 믿었다. 그래서 정책당국은 외환시장에서 달러를 사들여 환율을 상승시켰다. 구체적으로 얼마나 거둬들였을까?

이명박 정권이 출범하던 2008년 2월의 국제수지를 보면, 경상수지가 약 24억 달러의 적자를 기록했고 자본수지도 4억 달러의 적자를 기록했다. 3월에는 경상수지가 약 1억 달러의 적자를 기록했고 자본수지는 약 4억 달러의 흑자를 기록했다. 2월과 3월의 종합수지(경상수지+자본수지)는 약 25억 달러의 적자를 기록한 셈이다. 참고로 매년 초에는 국제수지가 악화되는 게 일반적이다.

그렇다면 외환보유고는 그만큼 줄어드는 게 순리지만, 외환보유고는 1월 2,619억 달러에서 3월에 2,642억 달러로 오히려 23억 달러가 늘었다. 그 액수만큼 즉, 국제수지 적자액 25억 달러와 외환보유고 증가액 23억 달러를 합한 48억 달러의 대부분이 외환시장에서 빠져나갔던 셈이다. 이 계산에서는 외환보유고의 수익은 고려하지 않았다.

그 결과로 1월말 937원이던 달러 환율이 3월말에는 992원을 기록하며 두 달 사이에 5.9% 상승했다. 만약 이 추세가 지속되면 연간 상승률은 40%를 훌쩍 넘어설 정도로 달러 가치가 짧은 기간에 빠르게 상승한 셈이었다. 다른 경제변수와 마찬가지로 환율 역시 관성을 갖기 마련이어서 이런 상승추세는 흔히 상당 기간 지속되곤 한다. 실제로 달러 환율은 5월 말에 1천 원을 돌파했고, 9월에는 1,100원까지 돌파했으며, 그 뒤로도 줄기차게 상승했다.

2000년대의 환율추이

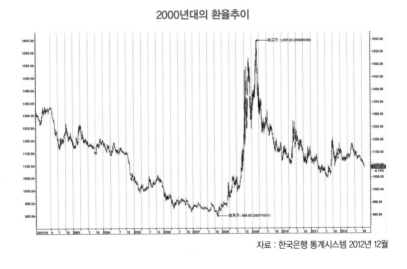

자료 : 한국은행 통계시스템 2012년 12월

그 덕분에 수출은 비록 일시적이지만 증가했다. 1월에 15%였던 수출 증가율이 2월과 3월에는 각각 18%로 상승했고, 4월부터는 20%를 넘겼으며, 7월에는 35%를 훌쩍 넘어서기도 했다. 수출 업체는 이익을 더 많이 남길 수 있게 됐으므로 더 열심히 수출했던 셈이다. 물론 국내경기가 부진해져 수출에 매진했던 것도 한 원인이었다. 그 결과는 어떻게 나타났을까? 수출이 크게 증가했으므로 경기는 살아나야 마땅했고, 성장률은 이명박 정권이 공약한 것처럼 7% 대 이상으로 올라가는 것이 당연해 보였다. 앞에서도 언급한 것처럼, 1990년대까지는 수출 증가율이 10%만 넘어도 성장률은 8%를 넘었던 것이 역사적 경험이었기 때문이다.

2008년의 월평균 환율(원/달러) 및 수출증가율(%) 추이

구분	1월	2월	3월	4월	5월	6월	7월	8월	9월
환율	942.4	944.7	979.9	986.7	1,036.7	1,029.3	1,019.1	1,041.5	1,130.4
수출증가율	14.9	18.9	18.4	26.4	26.9	16.4	35.6	18.1	27.7

자료 : 조사통계월보 2009년 1월호, 한국은행

과연 경기가 살아났을까? 아니다. 경기는 오히려 하강으로 돌아섰다. 이명박 정권이 출범하기 직전인 2007년 4/4분기의 성장률(연률)은 6.8%였는데, 2008년 1/4분기에 3.9%로 떨어졌고, 2/4분기에는 1.4%로 더 떨어졌다. 당시는 세계경제가 전반적으로 나빴던 것도 아니다. 미국은 서브프라임모기지 사태가 점점 심각해지고는 있었지만 2008년 상반기의 성장률은 전년도 4/4분기보다 더 높았다. 일본이나 유럽도 2008년 초반까지는 성장률이 플러스를 기록했다. 무엇보다, 우리나라 수출이 크게 늘어났다는 사실은 해외경제 여건이 국내경기에 끼친 영향은 제한적이었다는 것을 단적으로 보여준다.

불행하게도 국내경기의 하강은 거기에서 멈추지 않았다. 3/4분기에는 성장률이 0.7%로 떨어졌고, 4/4분기에는 바닥을 알 수 없을 정도로 추락하여 무려 -17.3%를 기록했다. 만약 이 추세가 1년 동안 지속됐더라면 국내총생산의 1/6 이상이 한 해에 사라질 판이었다. 외환위기 같은 경제파국이 닥쳤을 경우에나 일어날 법한 급속한 경기하강이 이때에 발생했다.

2007년~2008년의 분기별 전기대비 성장률(연률, %) 추이

구분	2007 2/4	2007 3/4	2007 4/4	2008 1/4	2008 2/4	2008 3/4	2008 4/4
성장률	5.9	4.7	6.8	3.9	1.4	0.7	-17.3

자료 : 국민계정 2007년과 2008년(연률 환산), 한국은행

그럼 무엇이 국내경기를 이처럼 빠르게 하강시켰을까? 국내 경제전문가들은 흔히 세계 금융위기를 그 원인으로 꼽지만, 이것도 틀렸다. 세계 금융위기가 본격적으로 진행한 것은 2008년 4/4분기부터인데, 국내경기는 이미 2008년 1/4분기부터 줄기차게 하강했기 때문이다. 뒤에 나타난 변수가 원인으로 작용할 수는 없다. 세계 금융위기는 미국의 투자은행 리먼브라더스가 2008년 9월 14일에 파산신청을 함으로써 본격적으로 심각해졌

다. 그렇다면 국내경기는 2008년 4/4분기 이후부터 하강했어야 했지만, 그보다 훨씬 전부터 하강했다. 따라서 국내경기를 하강시킨 근본 원인은 다른 데에 있었다고 보는 게 옳다.

더욱이 세계 금융위기가 국내경기에 영향을 끼치는 주요 경로는 수출인데, 특히 원화로 환산한 수출이 국내경기에 직접적인 영향을 끼치는데, 국내경기가 추락하던 때의 원화 수출은 오히려 크게 증가했다. 성장률이 1.4%로 떨어졌던 2008년 2/4분기의 원화 수출의 증가율은 35%에 달했고, 성장률이 0.7%를 기록했던 3/4분기에는 원화 수출의 증가율이 45%에 달했다. 성장률이 −17.3%를 기록했던 4/4분기조차 원화 수출은 33%나 증가했다.

수출이 이처럼 크게 증가했다면 경기는 빠르게 상승할 것처럼 보이는데, 왜 국내경기는 오히려 줄기차게 하강했을까? 경기를 하강시키는 다른 변수의 힘이 훨씬 강력하게 작용하지 않으면 이런 일은 벌어질 수가 없다. 그럼 무엇이 경기를 강력하게 하강시키는 힘으로 작용했을까? 이 문제는 잠시 뒤에 따지도록 하고, 당시 경제상황의 진행을 좀 더 살펴보자.

원화수출 증가율(전년동기대비)과 성장률(전기대비, 연률) 추이

구분	08 1/4	08 2/4	08 3/4	08 4/4	09 1/4	09 2/4	09 3/4	09 4/4
수출	19.6	34.9	45.4	33.1	10.9	0.5	−3.1	−3.9
성장률	3.9	1.4	0.7	−17.3	0.4	10.4	14.5	0.7

자료 : 국민계정 2008년과 2009년(연률 환산) 및 조사통계월보 각호, 한국은행

나. 경기상승을 일으킨 것도 환율이었다

상식적으로 이해하기 어려운 일은 그 뒤에도 벌어졌다. 원화 수출의 증가율이 0.5%로 뚝 떨어졌던 2009년 2/4분기에는 성장률이 오히려 크게 상승하여 10.4%에 달했고, 원화 수출의 증가율이 -3.1%를 기록했던 3/4분기에는 성장률이 무려 14.5%를 기록했다. 이런 사실은 글로벌 금융위기가 국내경기에 끼친 영향은 거의 없었다는 점을 여실히 증명한다. 한마디로, 국내경기의 하강은 물론이고 상승조차 수출 혹은 해외경제 여건과는 상관이 없었던 것이다. 그 이유는 내수의 비중이 수출의 비중보다는 훨씬 크기 때문이다. 이 문제는 아주 중요하므로 바로 뒤에 별도로 자세히 살펴볼 것이다.

우선, 2009년에 들어선 뒤 국내경기가 갑자기 상승으로 돌아선 원인부터 따져보자. 그게 과연 무엇이었을까? 대부분의 경제전문가는 재정지출을 늘린 정책이 경기를 상승시켰다고 분석했지만, 이것 역시 틀렸다. 만약 재정지출 확대가 경기를 상승시켰다면 2008년 하반기의 경기하강은 일어나지 않았어야 했다. 재정지출 증가율은 2008년 3/4분기에 23% 그리고 4/4분기에는 16%를 기록함으로써 예년의 두세 배에 달했기 때문이다.

그 반면에, 2009년에는 재정지출 증가율이 1/4분기의 46%에서 2/4분기에 24%로 그리고 3/4분기에는 6.8%로 점점 작아졌음에도 불구하고 국내경기는 빠르게 상승했으며, 3/4분기 성장률은 놀랍게도 14.5%를 기록했다. 이런 사실은 재정지출과 성장률 사이의 상관관계 역시 크지 않았음을 충분히 증명한다. 참고로, 재정지출이 현실에서는 중장기적으로 경제성장에 오히려 부정적인 역할을 한다는 점은 뒤에 자세히 설명할 것이다.

재정지출 증가율(전년동기대비)과 성장률(전기대비) 추이

구분	07 4/4	08 1/4	08 2/4	08 3/4	08 4/4	09 1/4	09 2/4	09 3/4
재정증가율	12.6	6.1	5.4	22.5	16.2	46.3	24.2	6.8
성장률	6.8	3.9	1.5	0.7	−17.3	0.4	10.4	14.5

자료 : 기획재정부 홈페이지 2010년 12월 및 한국은행 국민계정(연률 환산) 각호

다. 환율의 상승이 경기하강을 부른 결정적 원인이었다

위에서 살펴본 사실에 따르면, 국내경기가 하강했다가 상승으로 돌아선 원인이 다른 데에 있음을 의미한다. 그 원인은 도대체 무엇일까? 그것은 환율의 상승과 하락 때문이었다. 당시의 여러 경제변수 중에서 가장 큰 변동을 보인 것은 환율이었으므로, 환율이 국내경기의 급변에 가장 결정적인 원인으로 작용했다고 보는 게 옳다.

실제로 2008년 초부터 환율이 상승하자 수입 원자재의 국내 가격이 크게 올랐다. 우리 경제는 석유나 석탄 등 에너지 자원은 물론이고, 밀이나 옥수수 등의 식량과 사료 그리고 원면이나 철광석 등의 공업용 원료도 거의 모두 수입에 의존하는데 그 가

격이 크게 올랐으며, 그 영향으로 국내물가는 급등했다. 2008년 2월에 3.6%였던 소비자물가 상승률이 줄기차게 올라 7월에는 5.9%까지 상승했다. 물가가 이렇게 계속 오르면, 같은 소득으로 더 적게 소비할 수밖에 없으므로 국내경기는 부진해지기 마련이다.

더 심각한 것은 생산자물가 상승률이었다. 1월의 4.2%에서 수직으로 상승하기 시작하여 7월에는 12.5%를 기록했다. 이처럼 생산자물가 상승률이 훨씬 높아져 소비자물가 상승률을 앞지르면 어떤 일이 벌어질까? 당연히 기업의 경영수지가 빠르게 악화된다. 판매가격보다 생산비용이 더 빠르게 상승하기 때문이다. 더욱이 2008년 중반처럼 그 격차가 5~6%에 이르면, 기업의 경영수지는 더욱 심각하게 악화된다.

그러면 어떤 일이 벌어질까? 경영수지가 악화되면 기업은 생산을 줄이고 고용과 투자도 줄이며, 그러면 소득이 줄어 소비까지 줄어드는 악순환이 벌어진다. 결국 국내경기는 빠르게 하강한다. 2008년에 국내경기가 빠르게 하강했던 배경에는 이런 경제원리가 작동했던 것이다. 현 경제학은 이처럼 중요한 역할을 하는 이 경제원리조차 외면하고 있다.

구분	1월	2월	3월	4월	5월	6월	7월	8월
소비자물가	3.9	3.6	3.9	4.1	4.9	5.5	5.9	5.6
생산자물가	4.2	5.1	6.0	7.6	9.0	10.5	12.5	12.3

자료 : 조사통계월보 2009년 1월호, 한국은행

당시에 대부분의 경제전문가는 국제 석유가격이 폭등하여 물가상승이 일어났다고 분석했다. 실제로 석유가격(텍사스 중질유의 배럴당 가격)은 1월 평균 93달러에서 3월에 100달러를 넘어섰고, 6월 말에는 134달러까지 치솟았다. 그렇지만 그 영향은 제한적이었다. 국내총생산(GDP) 중에서 수출용을 제외한 석유 순수입이 차지하는 비중은 약 5%에 불과했기 때문이다. 더욱이 국내 총 거래액 기준으로는 1.4%에 불과했다. 비중이 이처럼 적은 석유수입이 전체 물가를 이처럼 크게 올릴 수는 없다. 그 반증 사례가 있다. 즉, 석유 가격이 2001년 말의 19달러에서 2007년 말에 91달러까지 다섯 배 가까이, 연평균으로는 30%나 올랐을 때는 소비자물가 상승률이 매년 2~3%대를 기록하여 과거 어느 때보다 안정적이었다.

따라서 환율 상승이 물가를 결정적으로 상승시켰다고 보는 것이 옳다. 전체 수입은 국내총생산에서 차지하는 비중이 약 47%에 달하므로, 그리고 총거래액에서 차지하는 비중은 약 13%에 이르므로, 이것이 물가를 결정적으로 상승시켰던 것이다. 실제로 환율 상승이 수입 원자재는 물론이고 각종 시설재와 소비재 등 전체 수입품의 가격을 상승시켰고, 이것이 물가상승률을 높였다. 이처럼 물가가 크게 오르자, 소비자의 구매력은 위축되고 기업의 경영수지도 악화되어 경기는 하강으로 돌아서고 말았다.

라. 환율은 금융시장의 신용경색도 불렀다

더욱 심각한 사태는 금융시장에서 벌어졌다. 환율이 지속적으로 상승하자 미래에 나타날 외환의 수요가 당시로 시간이동을 했다. 사람들은 환율상승에 따른 손실을 줄이려고 추가적인 환율상승이 벌어지기 전에 외환을 미리 사들였던 것이다. 이처럼 미래의 수요가 현재의 수요에 가세하자, 환율은 더욱 빠르게 상승하였다. 그러자 외환위기가 또 터질지 모른다는 불안심리가 외환시장에 확산되기 시작했다. 때마침 그해 초여름부터 '9월 외환위기설'이 떠돌았다.

이런 분위기를 틈타 외국계 금융회사들이 국내 일부 불순세력과 결탁하여 환투기를 감행했고, 환율은 더 급등했다.[2] 10월에는 1,200원을 넘어섰으며, 그 후로도 환율은 거침없이 오르며 11월

---

2) 2008년에 우리나라 외환보유고는 약 6백억 달러 감소했는데, 외채 감소분을 제외한 대부분은 국내 불순세력과 결탁한 국제금융자본의 약탈물이 됐다. 이런 매국적인 일에 앞장섰던 자들은 자신들의 작은 이익을 위해 국부를 대규모로 상실시켰음에도 어느 누구도 책임추궁을 당하거나 처벌을 받지 않았다. 정권 핵심부는 그들의 존재를 알고 있었던 듯하나, 어떤 조치도 취해지지 않았다.

에는 한때 1,500원을 넘어서기도 했다. 환율이 이렇게 크게 오르면, 어떤 일이 벌어질까? 앞에서 살펴본 것처럼 물가에만 영향을 끼치고 말까? 아니다. 금융시장에 더 큰 타격을 입힌다.

환율이 크게 상승하면 외국에서 돈을 빌려온 국내 금융회사와 기업은 그만큼 환차손을 입는다. 예를 들어 환율이 1천 원일 때 1억 달러를 들여왔다면 1천억 원을 빌린 셈이지만, 환율이 1,500원으로 상승하면 이자를 제외하고도 1,500억 원을 갚아야한다. 환차손만 따져도 500억 원을 추가로 부담해야하는 셈이다. 2007년 말까지 국내 은행과 기업이 빌려온 외채는 각각 약 1천억 달러로서 총 2천억 달러에 달했으므로, 가만히 앉아서 우리 돈으로 1백조 원 이상을 추가로 부담해야 하는 상황이 벌어졌다.

기업은 돈을 쉽게 구하지 못해 외채를 당장 갚지 못했으므로 사정이 상대적으로 조금이나마 더 나았다. 반면에, 국내 은행은 돈을 충분히 보유하고 있어서 서둘러 외채를 갚았다. 환율이 본격적으로 상승하기 시작했던 2008년 3/4분기에는 38억 달러의 외채를 순상환했고, 폭등으로 바뀐 4/4분기에는 241억 달러를 순상환했다.

그 합계는 우리 돈으로 약 33조 원이었다. 이것은 본원통화의 85%에 달하고, 협의통화(M1)의 거의 10%에 이르는 엄청난 규모였다. 그 결과 국내 금융시장은 극심한 신용경색에 시달렸다. 당시 대통령이 직접 나서서 '책임을 묻지 않을 테니 은행은 기업에 대출하라.'고 강권할 정도였다. 금융시장이 이렇게 신용경색을 일으키면 경기는 빠르게 하강한다. 그래서 2008년 4/4분기 성장률이 무려 −17.3%를 기록하고 말았던 것이다.

국내 은행의 대외채무 증감액(억 달러)과 평균 환율(원/달러) 추이

구분	2006	2007	2008 1/4	2008 2/4	2008 3/4	2008 4/4
채무증감	237.3	268.5	129.9	53.6	−38.3	−240.8
평균 환율	956	929	956	1,018	1,064	1,364

자료 : 조사통계월보 2009년 6월호, 한국은행

그럼 금융시장의 신용경색은 왜 이처럼 급격한 경기하강을 불렀을까? 앞에서 간단히 언급한 통화금융의 경제원리를 재강조하는 의미에서 그 원인을 자세히 따져보자. 금융기관은 우리 몸의 혈관계와 비슷하다. 화폐를 발행하여 유통시키는 중앙은행은 우리 몸에서 피를 생산하는 등뼈이자 심장이고, 은행 등의 금융기관은 우리 몸의 정맥과 동맥으로 이뤄진 핏줄의 역할을 한다. 그리고 금융시장에서 유통되는 통화는 경제에서 우리 몸의 혈액 같은 역할을 한다.

만약 우리 몸을 순환하는 혈액이 크게 줄어들면 어떤 일이 벌어질까? 손발과 내장을 비롯한 여러 신체조직은 필요한 영양분을 충분히 공급받지 못함으로써 활동력이 떨어지고, 자칫 신체의 모든 기능이 약화되어 목숨을 잃는 일까지 발생한다.

금융시장은 경제에서 이보다 훨씬 결정적인 역할을 한다. 통화는 신용창조를 하기 때문이다. 신용창조가 일어난다면 당연히 신용파괴도 얼마든지 일어난다고 봐야한다. 실제로 외채를 갚으려면 금융시장에서 돈을 회수해야 하고, 돈을 회수하면 대출이 줄어들고, 대출이 줄어들면 시중의 돈이 줄어들고, 시중의 돈이 줄어들면 예금도 따라서 줄어드는 일이 반복하여 벌어진다. 그 결과로 시중의 돈은 바짝 마르고, 이에 따라 투자와 거래가 줄면서 경기는 급강하한다. 2008년 4/4분기에 이런 일이 우리 경제에서 실제로 벌어졌다.

마. 환율은 경기 급상승을 일으키기도 했다

2008년에는 추락하기만 했던 국내경기가 2009년에 들어선 뒤부터 빠른 속도로 상승했는데, 그 원인은 또 무엇일까? 이것 역시 환율 때문이었다. 환율이 하락으로 돌아서자 외국자본의 도입은 환차익을 누릴 수 있게 됐고, 이에 따라 외국자본이 대거 국내에 유입되었다. 외국자본의 유입은 해외 소득이 국내로 이전됐다는 것을 의미했다. 해외 소득이 이처럼 국내에 이전됨으로써 국내수요를 키웠으며, 이것이 구매력을 증가시킴으로써 국내경기를 상승시켰던 것이다.

아래 표에서 보듯이 2008년 3/4분기에 자본수지가 63억 달러의 적자를 기록하자 성장률은 0.7%를 기록했고, 4/4분기에는 자본수지가 426억 달러의 대규모 적자를 기록하자 성장률은 −17.3%로 뚝 떨어졌다. 다행히 2009년 1/4분기에는 자본수지 적자가 크게 줄면서 경기하강이 멈추고 상승으로 전환하여 성장률은 0.4%를 기록했다. 그 뒤 2/4분기와 3/4분기에는 자본수지가 각각 87억 달러와 144억 달러의 대규모 흑자를 기록하였으며, 이에 따라 성장률도 높아져 각각 10.3%와 14.5%라는 놀라운 실적을 기록했다.

2008년 하반기 이후의 자본수지(억 달러)와 전기대비 성장률(%) 추이

구분	08 3/4	08 4/4	09 1/4	09 2/4	09 3/4	09 4/4	10 1/4	10 2/4
자본수지	−62.9	−426.3	−14.0	86.8	144.0	47.7	57.1	−41.3
성장률	0.7	−17.3	0.4	10.3	14.5	0.7	9.2	5.7

자료 : 자본수지는 경제통계연보 2012년, 성장률은 국민계정(연률 환산) 각호, 한국은행

　　2009년 4/4분기에는 성장률이 0.7%로 뚝 떨어졌는데 이것은 환율과는 상관이 없다. 그 이유는 또 무엇일까? 2/4분기와 3/4분기에 각각 기록했던 10.3%와 14.5%라는 성장률이 우리 경제의 잠재성장률보다 훨씬 높았기 때문이다. 이처럼 짧은 기간에 경기 상승이 과속을 보이면, 경제는 탈진 증상을 보이고 성장률은 뚝 떨어지고 만다. 마치 5km 구간을 15분대에 뛸 능력을 가진 마라톤 선수가 13분대에 뛰면 금방 탈진하는 것과 같은 일이 벌어지는 셈이다. 성장률이 3/4분기 14.5%에서 4/4분기에 0.7%로 떨

어진 것은 시속 145km를 달리던 자동차가 속도를 7km로 낮춘 것이나 마찬가지였다.

다행히 2010년 1/4분기에도 자본수지가 57억 달러의 흑자를 기록하자 성장률은 9.2%로 다시 높아졌다. 그러나 2/4분기에는 자본수지가 41억 달러의 적자를 기록하자 경상수지가 103억 달러의 흑자를 기록했음에도 성장률은 5.7%로 낮아졌다. 2010년에 들어선 뒤부터 성장률이 이처럼 들쭉날쭉해진 원인 역시 환율의 급격한 변동 때문이었다. 환율을 안정적으로 유지했더라면 경기상승 추세가 2/4분기에도 계속 이어질 수 있었으나, 정책당국이 환율을 공격적으로 방어하여 다시 상승시켰던 것이 자본수지를 적자로 돌아서게 했고 이것이 2/4분기 이후의 경기하강을 결정적으로 불렀다.

2009년 이후의 전기대비 성장률(%)과 평균 환율(원/달러) 추이

구분	09 1/4	09 2/4	09 3/4	09 4/4	10 1/4	10 2/4
성장률	0.4	10.4	14.5	0.7	9.2	5.7
평균 환율	1,413	1,286	1,239	1,168	1,143	1,165

자료 : 국민계정 각호(연률 환산) 및 조사통계월보 2010년 9월호, 한국은행

바. 이명박 정권의 뛰어난 정치선동

아직까지도 우리나라가 'OECD 국가 중에서 글로벌 금융위기를 가장 성공적으로 극복했다.'는 것이 우리 국민의 일반적인 인

식이다. 2010년 성장률이 6.5%를 기록하자 당시 대통령이 직접 나서서 그렇게 선전해댄 것이 그런 인식을 심어줬다. 경제전문가나 언론이나 야당 등 누구도 이의를 제기하거나 비판하지 않았고, 이에 따라 국민은 그렇게 믿게 됐던 것이다. 하지만 이것은 뛰어난 정치적 선동능력을 보여준 결과였을 따름이다.

물론 OECD 국가들과 비교하면 우리나라가 그다지 나쁜 실적을 기록한 것은 아니지만, 이 나라들이 평균적으로 낮은 성장률을 기록했던 이유는 대부분 유럽에 속하고, 유럽중앙은행의 통화정책이 실패해 경제난을 심화시켰기 때문이었다. 정책실패가 경제난을 초래한 나라들과 우리나라를 비교하는 것은 옳은 일이 아니다. 비교하려면 경제정책이 실패하지 않은 나라와 비교하는 게 마땅하다. 그래야 비로소 경제정책이 성공했다는 주장에 설득력을 부여할 수 있다.

실제로 경제정책이 실패하지 않은 다른 나라의 2010년 성장률을 살펴보면, 이명박 정권의 선전선동이 국민사기극임을 쉽게 알 수 있다. 싱가포르와 파라과이는 각각 14.5%, 필리핀 12.2%, 대만 10.9%, 중국 10.4%, 아르헨티나 9.2% 등 알만한 나라들은 모두 매우 높은 성장률을 기록했다.

다른 나라들이 이처럼 아주 높은 성장률을 기록했던 것은 글로벌 금융위기가 차츰 극복되었던 데에도 그 원인이 있지만, 대부분의 나라에서 2009년의 성장률이 마이너스이거나 0%대를 기록한 반사적 영향의 결과였다. 다시 말해, 2008년과 2009년의 성장률을 합하여 둘로 나누어 평균값을 구할 경우에는, 위에 언급한 성장률 실적의 절반에 불과했던 것이다.

우리나라도 마찬가지였다. 사실 2010년에 우리나라가 기록한 성장률 6.5%는 2009년 성장률 0.7%를 기준으로 계산한 반사적인 결과였다. 연평균으로는 고작 3.6%에 불과한 실적이었다. 그래서 이듬해인 2011년의 성장률은 3.7%로 떨어졌고, 2012년에는 2.3%까지 더 추락했다. 이것이 어찌 성공이란 말인가? 이래도 우리나라 경제정책이 성공했다고 말할 수 있을까? 이것은 진실과는 거리가 멀 뿐 아니라, 실패를 성공으로 둔갑시킴으로써 박근혜 정권에서도 실패할 게 빤한 경제정책을 거듭 펼치도록 했다.

사. 수출보다 중요한 것은 내수

우리나라 수출의존도는 GDP의 50%에 육박한다는 것이 경제 전문가들의 일반적인 믿음이다. 만약 수출의존도가 이처럼 높다면, 2008년 성장률은 15%를 넘는 게 정상이었다. 우리 돈으로 환산한 수출 증가율은 34%에 달했기 때문이다. 하지만 성장률은 2.8%에 불과했다. 이런 잘못된 믿음이 환율을 상승시켜 수출 증대를 도모케 했고, 이것이 장기간의 경기부진을 초래하고 말았다.

수출은 거래액이고 GDP는 부가가치이므로, 이 둘을 비교하려면 거래액이든 부가가치이든 하나로 환산해 기준을 일치시켜야 한다. 그럼, 수출을 부가가치로 환산해보자. '2010년 경제총조사'에 따르면, 매출 총액은 4,332조 원이고 부가가치 총액은 1,173조 원이므로, 부가가치가 매출액에서 차지하는 비율은 약 27%이다(1,173조/4,332조=27.1%). 이 비율로 환산하면 수출의 부가가치는 1,483억 달러이고(5,482억×27.1%=1,483억)이고 GDP는 1조1,295억 달러이므로, 수출비중은 13%에 불과하다. (1,483/11,295=13.2%)

더욱이 그 비율은 해가 갈수록 떨어지고 있다. 최근에는 수출이 GDP에서 차지하는 비중이 10%에도 미치지 못하는 것으로 추정되고 있다. 간단히 말해, 이명박 정권의 환율인상 정책은 10%에 불과한 수출을 위해 90%에 달하는 내수를 희생시킨 꼴이었다. 그래서 국내경기가 추락하고 말았던 것이다. 이것은 또 얼마나 어리석은 짓인가.

현실적으로 국내총생산의 90%에 가까운 내수는 환율이 하락하는 경우에 호조를 보인다. 진짜로 환율 하락이 내수 증가에 도움을 줄까? 당연하다. 환율이 하락하면 석유와 석탄 등 에너지 자원은 물론이고, 각종 공업용 원료, 각종 자본재와 소비재, 식량과 사료 등의 수입가격이 떨어진다. 이에 따라 물가가 안정되면 소득이 증가하지 않더라도 물가가 상승할 때보다 더 많은 소비를 할 수 있게 되며, 이것이 국내경기를 상승시킨다. 뿐만 아니라, 기업으로서는 원자재와 시설재 등을 싸게 수입하면 그 경영수지가 크게 호전되며, 기업의 이익이 커지면 고용과 투자가 증가하고 국내경기는 상승한다.

혹시 내수가 살아나더라도 환율이 하락해 수출이 부진해지면, 국제수지가 악화되는 등 아주 심각한 문제를 일으키지는 않을까? 혹시 환율이 상승해서 수출이 호조를 보이면, 내수 부진을 충분히 이겨낼 수 있지 않을까? 아니다. 환율이 하락하면 수출이 감소한다는 게 일반적인 믿음이지만, 우리나라의 최근 역사는 그 믿음이 틀렸다는 것을 여실히 증명한다. 중장기적으로는 환율이 상승할 때에 수출은 오히려 줄었고, 환율이 하락할 때는 수출이 증가했던 것이다. 그런 대표적인 역사적 사례를 잠시 살펴보도록 하자.

아. 환율의 하락이 오히려 수출을 증가시킨다

우리나라 환율은 2002년부터 비교적 장기간 떨어졌다. 2001년 말에 달러 당 1,326원을 기록했던 환율이 2007년 10월 말에는 한때 900원 아래로 떨어졌던 것이다. 이처럼 환율이 장기간 하락한 것을 어떻게 봐야할까? 당시 대부분의 경제전문가는 환율이 떨어져서 가격경쟁력이 크게 약해졌으므로 수출전망이 매우 어둡다고 봤다. 정책당국도 그렇게 믿었다.

그러나 이것은 틀렸다. 환율 하락세가 안정적으로 유지되어 그 흐름이 확연하게 드러난 2002년 하반기부터는 수출이 오히려 줄기차게 비교적 높은 증가율을 기록했기 때문이다. 왜 경제전문가의 전망은 이처럼 틀렸을까? 당연히, 가격변동에 있어서 품질이 어떤 역할을 하는지 미처 몰랐기 때문이다. 이 문제는 국가경제의 장래를 위해 아주 중요하므로 구체적으로 살펴보자.

2007년 10월 말경에 899원을 기록한 우리 환율은 2001년 말에 비해 32% 떨어졌다. 우리 돈의 가치로는 무려 47%나 올랐다. 그렇다면 수출기업은 수출가격을 최소한 그만큼 올리지 않을 수 없었다. 그 사이에 원자재 값도 올랐고 임금도 올랐으므로, 수출가격을 우리 돈으로 최소 50% 이상은 올려야 했다. 만약 수출가격을 그만큼 올리지 않았으면 수출기업은 도산했을 것이다. 수출기업의 매출액 대비 이익률은 기껏 3~4%, 많아야 10% 내외에 불과하기 때문이다.

그럼 경제학의 가격이론이 가르치는 대로 우리 수출은 감소했을까? 아니다. 수출 가격이 그만큼 크게 올랐음에도 수출은 줄기는커녕 오히려 크게 증가했다. 그 증가율은 근래의 평균 수준보다 훨씬 높았다. 아래 표에서 보듯이, 2001년에 1천5백억 달러였던 수출실적은 2007년에 3천7백억 달러로 약 2.5배 늘어났다. 연평균 증가율로는 매년 17%씩 증가한 셈이다. 현재의 가격이론은 가격이 오르면 수요는 감소한다고 가르치는데, 왜 이처럼 이상한 일이 벌어졌을까? 주류 경제학으로서는 이런 현상을 도저히 해명해낼 길이 없다. 품질이라는 변수를 외면하고 있기 때문이다.

2001~2007년 우리나라 환율(원/달러, 기말 기준)과 수출(억 달러) 추이

구분	2001	2002	2003	2004	2005	2006	07. 10
환율	1,326	1,200	1,198	1,044	1,013	930	907
수출	1,504	1,625	1,938	2,538	2,844	3,255	3,715

자료 : 조사통계월보 2010년 6월호, 한국은행

1980년대까지만 하더라도 우리나라 수출품은 미국 등의 백화점이나 할인점에서 미끼상품의 역할을 하며 팔렸다. 심지어 우리나라가 100달러에 수출한 제품이 99달러에 팔리기도 했다. 수입과 관련한 부대비용과 수송비를 포함하면 그 손실이 이만저만 아니었겠지만, 우리 수출품은 고가의 유명브랜드 제품 쪽으로 고객의 발길을 이끄는 미끼의 역할을 훌륭히 해냈었다. 그 시기에는 당연히 가격이 싸야 우리 수출이 잘 됐다. 이런 역사가 경제전문가 사회에 '환율이 상승하면 수출이 증가한다.'라는 고정관념을 구축했다.

하지만 최근에는 우리나라 수출품의 위상이 달라졌다. 삼성전자나 LG전자의 TV 등 전자제품은 소니나 필립스 같은 세계적인 기업의 제품과 당당히 경쟁하여 이겨냈다. 현대와 기아의 자동차는 일부 일본산보다 더 높은 가격에 팔린다. 우리 수출품은 이제 버젓이 명품대열로 올라서는 중이다. 이제는 수출품의 가격이 높아져야 품질이 좋아졌다고 인식되고, 그래야 더 잘 팔리는 상황으로 바뀐 것이다.

이것은 전자업계나 자동차업계에만 해당하는 부분적인 현상이 아니다. 화장품, 행글라이더, 지퍼, 등산화와 등산복, 모자, 헬멧, 손톱깎이 등 중소기업이 생산하는 제품도 해외시장에서 명품대우를 받는 수준에 이르렀다. 이것은 우리나라 수출산업의 전반적인 현상이다.

이런 점은 현실에 의해 반증되기도 했다. 지난 2001년에 국내 경기가 빠르게 하강하자 정부는 환율을 정책적으로 대폭 올렸다. 우리 돈의 가치를 떨어뜨리면 수출가격이 떨어지고 그러면 수출이 크게 늘어나 국내경기도 살아날 것으로 봤다. 하지만 끝내 경기를 살려내지 못했고 오히려 수출만 줄였다. 2009년에도 비슷한 현상이 나타났다. 우리 원화의 가치를 떨어뜨렸음에도 불구하고 수출이 감소했던 것이다. 이 문제는 이미 앞에서 충분히 살펴봤다.

위와 같은 역사적 사실들이 아직도 믿어지지 않는가? 그렇다면 우리 경제에서 실제로 일어났던 다른 사례를 하나 살펴보자. 백화점 업계의 개척자였던 화신백화점은 명동백화점이 잘 나가자 가격을 전반적으로 내렸다. 경쟁에서 이기기 위해서였으나 그 결과는 반대로 나타나 화신백화점은 차츰 고객을 잃었고 어느 사이엔가 자취를 감췄다. 그 뒤에 명동백화점도 화신백화점의 전철을 밟았다. 맞은편의 미도파백화점이 잘 나가자 가격을 인하하여 견제하려 했으나, 명동백화점은 고객을 미도파백화점에 점점 빼

앗겼고 결국은 도산했다. 미도파백화점 역시 마찬가지였다. 신세계백화점을 견제하기 위해 똑같은 영업 전략을 선택했으며, 어느 사이엔가 미도파백화점은 문을 닫았다.

왜 이런 일이 벌어졌을까? 경제학은 분명히 가격을 내리면 수요가 증가한다고 가르치는데, 왜 이처럼 반대 현상이 벌어졌을까? 경제학의 가격이론이 틀렸기 때문이다. 아니, 틀렸다기보다는 가격에 막강한 영향을 끼치는 중요한 변수 하나를 간과했기 때문이다. 그것이 바로 품질로서, 상품에 따라서는 가격보다 이것이 훨씬 중요한 역할을 하기도 한다. 실제로 백화점을 찾는 고객은 가격보다는 품질을 더 중요하게 여긴다. 이런 사실을 몰랐기 때문에 백화점의 실패가 반복되었다.

혹시 경영 실패 등 다른 원인은 없었을까? 다른 원인은 결정적이라고 보기 어렵다. 신세계백화점의 사례가 그것을 반증하기 때문이다. 롯데백화점이 등장하여 각광받기 시작했을 때 신세계백화점은 가격을 오히려 전반적으로 높였고 그래서 살아남았다. 롯데백화점은 교통도 편리하고 규모 역시 거대한 데다 시설까지 화려하여 거의 모든 면에서 압도적으로 우세해 보였지만, 신세계백화점은 남대문시장과 인접하여 위치도 별로 좋지 않았고 건물도 낡았음에도 불구하고 과거에 쇠망해갔던 백화점과는 다르게 지금껏 번영하고 있다. 신세계백화점이 가격을 올리자 고객은 품질이 더 좋아진 것으로 믿었던 셈이다. 경제학은 이처럼 중요한 역할을 하는 품질을 간과하고 있다.

현재의 가격이론에는 수량만 존재할 뿐이다. 즉, 경제학은 공급과 수요의 수량이 가격변동을 결정한다고 가르치는 것이다. 물론 현실에서는 '비가격경쟁력'이라는 용어가 흔히 쓰이나, 가격이론과는 거리가 먼 실용적인 것일 뿐 이론적인 뒷받침을 받지 못했다. 이 사실은 경제학이 이론적으로 중대한 한계를 안고 있다는 것을 뜻한다.

경제학 교과서에 나와 있는 '수요곡선의 이동'으로 품질의 역할을 해명할 수 없는 것은 아니지만, 이것은 올바른 방법이 아니다. 경제학이 과학으로서의 역할을 다하려면 수요곡선의 이동이 어떤 경우에 얼마만큼 이동하는지에 대해서도 해명해낼 수 있어야 하나, 주류경제학은 이것을 끝내 외면하고 만다. 그럼 수요곡선의 이동은 무시해도 좋을 정도로 가격변동에 큰 영향을 끼치지 않을까? 아니다. 이것은 아주 중요하며, 가격이론은 진즉 품질의 역할을 포섭했었어야 했다.

위에서 백화점의 흥망사를 통해 살펴본 것처럼, 현실에서는 품질이 가격변동은 물론이고 기업의 명운까지 좌우한다. 상품에 따라서는 품질이 가격변동에 주목해야할 정도로 큰 영향을 끼치지 못하는 경우가 없는 것은 아니지만, 대부분의 경우는 수량보다 품질이 가격변동에 훨씬 중대한 영향을 끼친다. 기업은 이 점을 반드시 명심할 일이다. 보통 사람이 직장을 선택할 경우도 마찬가지이다. 이 얘기는 특수한 사례가 결코 아니다. 기업에만 해당하는 사례도 아니다. 이것은 경제에서 일반적으로 일어나는 현상이다.

이해를 돕기 위해, 다른 사례를 하나 더 살펴보자. 우리나라는 EU와 FTA를 체결함으로써 관세가 인하되었고 이에 따라 유럽산 명품은 가격을 인하할 여지가 생겼다. 그럼에도 유럽 명품기업들은 오히려 국내 소비자가격을 경쟁적으로 높였다. 가격을 인하하면 자칫 명품의 위상이 떨어질 것을 우려했기 때문이다. 이처럼 명품기업은 주류경제학의 가격이론을 외면하고 현명한 결정을 한 셈인데, 여기에는 오랜 사업경험이 중요한 역할을 했을 것이다.

우리나라도 수출기업이든 내수기업이든 이제는 유럽 명품기업의 이런 사례를 뒤따르는 게 바람직하다. 다만, 여기에는 반드시 주의할 점이 있다. 명품일수록 가격상승의 저항선이 뚜렷이 존재한다는 사실이 그것이다. 명품은 가격을 올려가야 품질이 좋다는 인식을 심어줄 수 있고 매출과 이익도 증가하지만, 소비자가 감당할 저항선을 가격이 넘어서는 순간에 수요가 급감하는 일이 벌어지기도 한다. 소비자의 이런 저항선이 어느 수준이냐는 제품에 따라 그리고 시대에 따라 혹은 경제상황에 따라 달라지므로, 가격을 인상시켜가는 일은 매출동향을 살펴가며 조심스럽게 점진적으로 추진할 필요가 있다.

국가경제의 경영도 마찬가지이다. 위와 같은 경제원리에 입각하여 경제정책을 펼쳐야 비로소 현재의 심각한 경제난에서 벗어날 수가 있다. 간단히 말해, 환율의 점진적인 하락을 경상수지가 적자로 돌아서지 않는 범위 안에서 경제정책이 용인해야 경제성장을 지속할 조건이 갖춰진다는 것이다. 이 문제를 좀 더 자세히 살펴보자.

자. 환율을 점진적으로 하락시켜야 경제가 살아날 수 있다

그럼 앞으로도 환율이 점진적으로 떨어지면, 수출이 증가하고 내수도 살아날까? 당연히 그렇다. 만약 정책당국이 수비적으로 환율방어를 하면, 환율은 점진적인 하락세를 보일 것이고, 경제정책이나 다른 경제변수가 경기를 하강시키는 압력으로 작용하지 않으면, 성장률은 6% 이상으로까지 오를 것이다.

성장률이 이처럼 상승하면, 소득이 그만큼 증가하고, 저축은 더 많이 증가할 것이다. 저축이 더 많이 증가하면 투자도 증가하고, 주식의 수요도 증가하여 주식시장은 상승세를 보일 것이다. 이것이 또 국내경기를 더욱 상승시킬 것이다. 1980년대의 사례가 그걸 증명한다.

1980년대 중반부터 우리나라 국제수지는 흑자로 돌아섰고, 그 규모가 점점 커졌다. 이에 따라 환율이 꾸준히 하락했다. 그러자 내수가 팽창하면서 성장률도 크게 높아졌다. 1986년부터 1988년까지 3년 동안의 성장률은 매년 11%를 훌쩍 넘어섰을 정도였다. 성장률이 이처럼 높은 실적을 기록하자 130~140선에 머물던 주가지수도 줄기차게 상승하여 1989년 4월초에는 사상 처음으로 1,000을 넘어섰으며 부동산시장도 상승하여 투기열풍이 불었다.

다만, 1989년에는 아래 표에서 보듯이 환율이 하락했음에도 성장률이 뚝 떨어졌던 것은 성장률이 3년 연속 11% 이상을 기록해 잠재성장률을 넘어섬으로써 경기과속 현상이 빚어졌고, 1989년 5월 이후에는 주식시장까지 약세로 돌아섬으로써 경기하강에 힘을 보탰기 때문이다.

1980년대 후반의 연말 환율(원/달러)과 성장률 추이(%)

구분	1985	1986	1987	1988	1989
환율	890.2	861.4	792.3	684.1	679.6
성장률	7.7	11.2	12.5	11.9	7.0

자료 : 한국은행 경제통계시스템 2016년 11월

차. 문제는 환율이다

흔히 환율은 '화폐의 대외 가치'라고들 말한다. 맞는 말이다. 그럼 이것으로 충분할까? 아니다. 이런 단순한 규정으로는 환율이 국가경제에서 차지하는 위상과 의미를 충분히 이해하기 어렵다. 만약 우리에게 환율을 한 마디로 정의하라면, 국가경제의 '체력과 건강의 척도'라 부르고 싶다. 환율이 상승하면 즉, 화폐의 대외가치가 떨어지면 국가경제의 건강과 체력은 그만큼 나빠진 것을 뜻한다. 반대로 환율이 하락하면 즉, 화폐의 대외가치가 상승하면 국가경제의 건강과 체력이 그만큼 양호해진 것을 뜻한다. 따라서 환율은 어느 경제지표에 못지않게 중요하다. 건강을 잃으면 생명을 잃을 수도 있는데, 생명을 잃으면 모든 게 의미가 없어진다. 마찬가지로 경제체력을 잃으면 경제활동이 약화되고, 경제활동의 약화는 결국 경제위기나 경제파국을 부른다.

물론 경제의 건강과 체력은 환율에 의해서만 결정되는 것은 아니다. 환율 이외에도 물가상승률과 정부의 재정수지와 기업의 경영수지 등의 경제변수에 주로 영향을 받는다. 만약 물가와 환율이 불안해지면 경제의 건강과 체력은 훼손당하며, 기업수지와 재정수지가 장기간 악화되더라도 마찬가지이다. 반면에, 물가와 환율이 안정적일수록 그리고 정부 재정수지와 기업 경영수지가 양호할수록 더 높은 성장률을 지속할 수 있으며, 만약의 사태 즉, 심각한 경제위기가 닥쳐와도 비교적 쉽게 이겨낼 수 있다. 따라서 이것들도 경제의 건강과 체력을 진단하는 기초적인 경제지표라 할 수 있다.

그 중에서도 제일 중요한 것은 역시 환율이다. 환율이 점진적으로 떨어지면 물가 안정에 기여하고 경기도 상승시키며, 정부 재정수지와 기업 경영수지도 호전시키는 효과를 발휘한다. 한마디로, 환율이 점진적으로 떨어진다는 것은 국가경제의 건강과 체력 그리고 경제실적이 다른 나라에 비해 상대적으로 양호해진다는 것을 뜻한다.

한편, 환율은 국내 재화의 대외가치를 뜻하기도 한다. 국내 재화의 대외가치는 환율로 표시되는 것이다. 그런데 물가는 재화의 가치를 뜻한다. 따라서 물가와 환율은 대외가치의 측면에서 보면 동의어나 마찬가지이다. 국내 물가가 높다는 것은 대외적으로 국내 재화의 가치가 낮다는 것을 뜻한다. 따라서 환율정책은 물가정책을 포함하며, 환율과 물가는 경제의 건강을 진단하는 가장 기초적인 지표이다.

그럼 환율과 물가가 경제의 건강과 체력을 진단하는 기초적인 지표로 꼽히는 이유는 무엇일까? 물가와 환율이 국제경쟁력과 성장잠재력을 근본적으로 제약하기 때문이다. 국제경쟁력이 향상되면 환율은 하락하고, 국제경쟁력이 악화되면 환율은 상승하는 경향을 보인다. 또한 성장잠재력이 높아지면 물가는 상대적으로 더 안정되고, 성장잠재력이 떨어지면 물가는 상대적으로 더 불안해지는 경향을 보인다.

진짜로 그럴까? 세계적인 사례들을 살펴보면 이 의문은 쉽게 해소된다. 예를 들어, 일본경제는 다른 나라와의 국제경쟁력과 성장잠재력의 경쟁에서 이겨냈을 때에는 초장기 경제번영을 누렸고, 그 결과 1인당 국민소득이 한 때 미국을 훌쩍 넘어선 바 있었다. 1980년대까지 환율이 점진적으로 하락했던 것이 이런 결과를 빚었다. 그러나 1990년대 이후 환율정책이 실패한 뒤부터는 일본경제가 초장기 경기침체를 겪었다.

　우리나라 역시 예외가 아니었다. 국제경쟁력과 성장잠재력을 외면한 환율정책을 펼침으로써 1997년 말에 '단군 이래 최대 난리'라던 환란을 당했고, 우리 국민은 극심한 경제난을 겪었다. 멀쩡하게 잘 다니던 회사에서 정리해고를 당한 노동자가 110만 명에 달했으며, 길거리에는 노숙자가 넘쳐났다. 흑자를 기록하던 기업까지 부도를 내는 등 3만 개 이상의 기업이 도산했다. 이런 비극적인 사태를 초래한 원인에 대한 분석은 아직도 충분히 이뤄지지 않았다.

3

박근혜 정권의 경제정책 실패

박근혜 정권의 경제정책은 이명박 정권과의 차별화를 위해 '창조경제'를 내세웠다. 창조적인 과학기술에 대한 투자를 대폭 확대하는 등 창조적인 경제정책을 펼치겠다는 것이 그 취지였다. 실제로 재정지출에서 과학기술 투자가 차지하는 비중은 사상 처음으로 4%를 넘어섬으로써 세계 최고수준에 이르렀다.

그러나 박근혜 정권의 경제정책은 그 구체적인 내용을 살펴보면 이명박 정권의 것과 크게 다르지 않았다. 즉, 이명박 정권과 똑같이 재정지출 확대, 이자율 인하와 통화공급 확대 등의 금융완화 정책, 적극적인 환율방어 등의 경제정책을 펼쳤던 것이다. 이처럼 이명박 정권과 전혀 다를 것이 없는 경제정책을 펼쳤으니, 경기부진에서 좀처럼 벗어날 수가 없었다. 사실, 박근혜 정권은 이명박 정권의 경제정책이 성공한 것으로 착각했다. 그것이 뛰어난 정치선동의 결과였을 뿐, 이명박 정권이 경제난을 오히려 가중시켰다는 사실을 까맣게 모르고 있었다. 그래서 똑 같은 정책을 펼쳤던 것이다.

아니, 훨씬 더 위험한 경제정책을 하나 더 펼침으로써 경제난을 더욱 가중시켰다. 그것은 바로 경상수지 흑자를 해외투자로 유출시키는 정책이 바로 그것이었다. 이 정책은 환율방어를 위해 취해진 조치였다. 이명박 정권처럼 박근혜 정권도 환율이 상승하거나 안정되어야 수출이 증가할 수 있고, 그래야 성장률도 높아진다는 잘못된 믿음을 가지고 있었다.

그래서 환율을 적극적으로 방어하려고 했다. 그리고 환율을 방어하기 위해서 국내 외환시장에서 넘쳐나는 달러 등의 외화를 줄기차게 사들여 외환보유고로 쌓았다. 그런데 경상수지 흑자는 매년 증가하기만 했다. 2012년 5백억 달러를 넘겼던 우리나라 경상수지 흑자는 다음해에 8백억 달러를 넘어섰고, 2015년에는 1천억 달러까지 넘어섰고 2016년에는 다소 줄었지만 여전히 1천억 달러에 육박했다.

외환보유고도 2012년 3,270억 달러에서 2016년에는 3,710억 달러로 크게 증가하는 등 외환시장에서 외환을 줄기차게 매입했지만, 역부족이었다. 오히려 외환매입에 따른 재정팽창과 통화증발의 국가경제의 부담만 지나치게 커졌다. 그래서 경상수지 흑자를 해외투자로 유도하는 정책을 적극적으로 펼쳤다. 한국투자공사를 설립하여 외환을 해외투자로 직접 유출한 것으로는 모자라, 여유 재원을 가지고 있던 국민연금 등 정부산하기관을 총동원하기도 했으며, 민간 금융기관들에도 적극적으로 해외투자를 권유했다.

아래 표에서 보듯이, 2013년의 경상수지 흑자는 812억 달러에 달했지만, 외환보유고는 195억 달러밖에 증가하지 않았다. 600억 달러 이상의 외환이 해외투자라는 미명 아래 해외로 유출된 것이다. 2014년에는 외환보유고가 171억 달러만 증가함으로써 외환의 해외 유출액은 670억 달러를 넘겼다. 2015년에는 더욱 심각해서 외환보유고가 44억 달러만 증가함으로써 1천억 달러가 넘는 외환이 해외로 유출되었다. 2016년에도 외환보유고는 31억 달러만 증가함으로써 960억 달러가 넘는 외환이 해외로 유출되었다.

2012~2016년의 경상수지 흑자와 외환보유고(억 달러), 성장률(%) 추이

구분	2012	2013	2014	2015	2016
경상수지	508.4	811.5	843.7	1,059.4	992.4
외환보유고	3,269.7	3,464.6	3,635.9	3,679.6	3,711.0
성장률	2.3	2.9	3.3	2.8	2.9

자료 : 한국은행 경제통계연보 2018

위와 같이 외환을 해외투자로 유출시킨 정책은 참으로 어리석

은 짓이었다. 경제학적 상식만 갖췄더라면 절대로 집행해서는 안 되는 정책이었다. 그 이유가 무엇일까? 경상수지 흑자를 해외로 유출시키는 정책은 수출로 애써 벌어들인 소득을 즉각적으로 해외로 유출시키는 정책이기 때문이다. 수출로 애써 벌어들인 소득을 즉각 해외로 유출시키면 어떤 일이 벌어질까? 당연히 국내수요는 위축되고, 이에 따라 경기부진이 심화되며, 성장률은 떨어질 수밖에 없다. 이런 경제학적 상식을 외면하고 그런 정책을 줄기차게 펼쳤으니, 이것은 얼마나 한심한 일인가. 우리 경제가 저성장 궤도에서 좀처럼 벗어나지 못하는 가장 결정적인 이유는 바로 이런 어리석은 정책 때문이다.

그러므로 경제를 살려내기 위해서는 고환율 정책부터 당장 중단하고, 환율의 점진적인 인하를 용인해야한다. 정책을 이렇게 바꾸면 성장률은 금방 6%대로 올라갈 것이다. 다만, 이것은 지속가능성이 없다. 환율 하락은 한계가 있기 때문이다. 환율 하락이 지속되어 경상수지 적자를 지나치게 키우면 머지않아 파국적인 외환위기가 터지고 심각한 경제난을 겪어야한다. 이 문제는 뒤에 우리나라 경제를 살려낼 경제정책을 다루면서 다시 살펴볼 것이다.

그밖에도 박근혜 정권이 이명박 정권처럼 재정지출을 확대하는 정책과 통화금융을 완화하는 정책을 펼친 것도 경제난을 심화시킨 중요한 원인 중 하나였다. 우선, 이자율을 낮추고 화폐발행을 증가시키는 통화금융 완화정책은 장기적인 경기부진이라는 만성질환을 일으키는 것이 일반적이다. 비유하자면, 의사가 환자를 효과적으로 치료하기 위해서는 질병의 원인에 처방을 해야 하는데, 해열제나 혈압강하제나 혈당강하제 등의 처방을 하면 결국은 급성질환이 만성질환으로 발전하는 결과를 빚고 만다. 경제도 마찬가지이다.

다음으로, 재정지출 확대는 단기적으로는 그리고 수요의 관점에서는 성장률을 높이는 역할을 한다. 성장률을 산출하는 국민계정에 재정지출이 포함되어 있기 때문이다. 그러나 공급의 관점에서는 그리고 중장기적인 관점에서는 성장률을 떨어뜨리는 역할을 하는 것이 일반적이다. 그 이유가 무엇일까?

재정지출이 투입되는 분야는 수익성과 생산성이 낮아서 민간부문 특히, 민간기업이 외면하는 분야에 주로 투입된다. 따라서 재정지출이 확대될수록 국가경제의 평균적인 생산성은 낮아지고 한계생산성은 마이너스를 기록하게 된다. 다시 말해, 한계효용이 재화의 가격을 결정하듯이, 한계생산성이 국가경제의 성장률을 결정하므로, 재정지출이 확대되면 될수록 성장률에는 부정적인 영향을 끼치는 것이다.

그밖에도 재정지출 등 공공부문이 팽창하면 구축효과(Crowding Effect)가 나타난다. 공공부문이 팽창하면 기업의 투자와 생산에 사용해야할 국가적 자원이 그만큼 줄어드는 것이다. 더욱이 공공부문의 직장은 비교적 안정적이고 연봉 수준도 높다. 그래서 대부분의 유능한 젊은이들이 공공부문으로 몰려들고, 그러면 국가경제를 성장시켜야 할 기업 등의 민간부문은 덜 유능한 인적 자원에 의존해야 한다. 다른 재화나 자원 등도 마찬가지이다. 공공부문은 대금지급 등이 상대적으로 안정적이어서, 민간부문조차 공공부문에 재화와 자원 등을 공공부문에 우선적으로 공급한다. 공공부문이 팽창할수록 민간부문은 상대적으로 위축될 수밖에 없고, 이에 따라 기업의 투자와 고용은 증가하지 못해 국가경제의 성장률은 떨어지게 되는 것이다. 그래서 선진국들은 재정팽창을 통해 경기를 부양하는 정책을 좀처럼 펼치지 않게 된 것이 최근의 추세이다.

4

문재인 정권의 경제정책 실패

문재인 정부가 들어선 뒤에는 경제난이 더욱 심각해졌다. 성장률을 보면, 2017년 3.2%였던 것이 2018년에는 2.7%로 떨어졌고, 2019년에는 2%에 겨우 턱걸이하거나 1%대에 불과할 것으로 추정된다. 더욱이 2020년에는 성장률이 더욱 떨어질 것이 우려되는 실정이다. 이런 처참한 상황에 대해, 문재인 정부는 이전 정권과 마찬가지로 대외경제여건 악화와 잠재성장률 약화를 그 주요 원인으로 꼽는다. 그러나 이것은 변명에 불과하다.

우선, 대외경제여건 악화는 우리나라의 성장률이 거의 영향을 끼치지 못했거나, 미미한 수준에 불과했다. 아래 표에서 보듯이, 2011년 이래의 수출증가율과 경제성장률을 대비해보면, 그 상관관계는 무시해도 좋을 정도이다. 예를 들어, 2011년에는 수출증가율이 19.0%에 이르렀으나 성장률은 3.7%에 불과했다. 2014년에는 수출증가율이 23.3%에 이르렀으나 성장률은 3.2%에 불과했으며, 2017년에는 수출증가율이 15.8%에 달했으나 성장률은 3.2%에 불과했다.

　정책당국이 흔히 주장하듯이 우리 경제의 수출의존도가 50%에 가깝다면, 당시의 성장률은 최소한 매년 10% 이상을 기록했었어야 했다. 그뿐만이 아니다. 수출증가율이 -1.3%였던 2012년에는 성장률이 2.4%를 기록했고, 2015년과 2016년에는 수출증가율이 각각 -8.0%와 -5.9%를 기록했으나 성장률은 각각 2.8%와 2.9%를 기록했다. 수출이 그만큼 감소했다면 성장률도 마이너스를 기록해야했지만, 실제로는 플러스 성장률을 기록했던 것이다. 위와 같은 사실들은 대외경제여건의 악화는 최근의 경기부진 심화에 그다지 큰 영향을 끼치지 않았다는 사실을 여실히 증명한다.

최근의 수출증가율과 경제성장률 추이

연도	2011	2012	2013	2014	2015	2016	2017	2018
수출증가율	19.0	-1.3	2.1	23.3	-8.0	-5.9	15.8	5.4
경제성장률	3.7	2.4	3.2	3.2	2.8	2.9	3.2	2.7

자료 : 한국은행 http://ecos.bok.or.kr/, 2019년 11월28일

　또 하나 지적할 점은 문재인 정부가 들어선 이래, 분기별 성장률의 격차가 과거에 비해 아주 커졌다는 것이다. 예를 들어,

2017년 3/4분기에 5.9%였던 성장률^(연률)이 그 직후인 4/4분기에는 −0.4%로 뚝 떨어짐으로써 불과 한 분기 사이에 그 격차가 무려 6.3%에 이르렀다. 그만큼 격심한 경기변동이 일어났던 셈이다. 극심한 경기변동은 한번으로 그치지 않았다. 2018년 4/4분기에는 3.8%였던 성장률이 다음 분기에는 −1.5%로 떨어졌으며, 2019년 2/4분기에 4.2%였던 성장률이 3/4분기에는 1.6%로 또 떨어졌다.

위와 같이 경기변동이 극심하면 과연 어떤 일이 벌어질까? 당연히 국내경기는 지속적으로 악화될 수밖에 없다. 왜냐하면, 국가경제의 성장을 이끄는 기업의 투자와 고용이 좀처럼 증가하지 못하기 때문이다. 만약 경기가 일시적으로 상승할 때에 투자와 고용을 늘렸다가 경기가 곧바로 추락하면, 기업의 경영수지가 급격히 악화되거나 도산하기도 한다. 그래서 경기가 급변하면 기업의 투자와 고용이 좀처럼 증가할 수 없고, 이에 따라 국가경제의 성장잠재력도 떨어지기 마련이다.

문재인 정부의 분기별 성장률(연률 환산) 추이

분기	17 2q	17 3q	17 4q	18 1q	18 2q	18 3q	18 4q	19 1q	19 2q	19 3q
성장률	2.1	5.9	−0.4	3.9	2.3	1.8	3.8	−1.5	4.2	1.6

자료 : 한국은행, 2019년 3/4분기 실질 국내총생산(속보)

결론적으로, 대외경제여건 악화나 잠재성장률 하락은 경제난

심화의 원인이 결코 아니다. 문재인 정부에서 경제정책의 실패가 거듭되고 있어서 경제난이 날이 갈수록 심화되고 있을 따름이다. 따라서 문재인 정부의 무엇보다 가장 시급한 과제는 경제정책의 실패를 비록 늦었지만 지금이라도 인정하는 것이다. 왜냐하면, 경제정책의 실패를 인정해야 비로소 경제를 회생시킬 새로운 정책의 수립과 집행이 가능해지기 때문이다.

도대체 문재인 정권의 어떤 정책들이 경제난을 이명박 정권과 박근혜 정권 때보다 더욱 심화시켰을까? 우선, 문재인 정권은 '소득주도 성장'으로 포장했지만, 경기를 회복시킨다며 재정팽창 정책과 통화완화 정책을 펼치고 있을 뿐이다. 이런 정책들은 이명박 정권 및 박근혜 정권과 하나도 다르지 않다. 그러니 경제난은 점점 더 심각해지지 않을 수 없는 것이다.

문재인 정권은 진보적 사회를 지향하고 있다. 그렇다면 과학적 진보정책을 펼치는 것이 마땅하다. 즉, 현실이 거부하는 경제정책은 즉각 폐기해야 한다는 것이다. 그러나 문재인 정권은 반대의 길을 걸었다. 소위 소득주도 성장정책을 열심히 추진했으나, 경제난이 심화되면서 못사는 사람들의 경제난이 더욱 심각해지자 재정팽창에 의존하게 된 것이다.

더욱이 문재인 정부는 국내경기를 활성화시킨다며 소위 '슈퍼 예산'을 편성했다. 2020년의 예산 규모가 무려 512조 원에 이른다. 이것은 전년도에 비해 9.1%나 증가한 규모이다. 이것은 우리나라의 경상 성장률보다 2배 이상 높은 증가율이다. 그래서 국세 수입으로는 재정지출을 감당할 수 없을 것 같아서 무려 60조 원의 적자공채를 발행할 예정이다. 이것은 또 얼마나 어리석은 짓인가. 재정지출 확장은 경기를 부양시킬 수 없다는 사실을 세계경제사가 여러 차례 증명했는데 말이다. 그런 대표적인 사례로는 1990년대의 일본 재정정책을 들 수 있다. 그 내용을 좀 더 자세히 살펴보자.

일본 정부는 1980년대 말의 버블경제가 꺼지면서 국내경기가 하강하자 눈물겨운 노력을 줄기차게 그리고 처절하게 기울였다. 아래 표에서 보듯이, 대규모 경기진작 정책을 1992년부터 2000년까지 아홉 차례에 걸쳐서 펼쳤던 것이다. 그 사업규모는 총 132조 엔, 우리 돈으로는 2천조 원, 달러 기준으로는 1.2조 달러에 육박했다. 이것은 우리나라 총 GDP와 비슷한 규모이다. 1998년 한 해에만 경기부양을 위한 추가적인 재정지출 규모가 40조 엔을 훌쩍 넘어섬으로써 일본 GDP의 8%에 육박했다.

이런 대규모 경기부양을 위한 추가적인 재정을 주로 사회간접자본 건설에 투입했다. 고속도로는 1990년대에 4천 km에서 7천 km로 두 배 가까이 늘어났다. 관료들 사이에서는 더 이상 건설할 다리나 확·포장할 도로를 찾기 어렵다는 푸념이 나왔다. 그러나 일본의 국내경기는 끝내 살아나지 않았다.

1980년대 일본의 경기부양책

명칭	정책시기	사업규모(조엔)	주요 내용
경기종합대책	1992년 8월	10.7	공공투자 8.6조 엔
경기종합대책	1993년 4월	13.2	공공투자 약 11조 엔
긴급경제대책	1993년 9월	6.2	엔고 차익 환원
긴급엔고 경제대책	1995년 6월	2.7	긴급 엔고대책, 지진 복구
경기대책	1995년 9월	14.2	공공투자 약 7조 엔
경기종합대책	1998년 4월	16.7	특별 감세 약 4조 엔
긴급경제대책	1998년 11월	23.9	감세 6조3천억 엔 등
경제신생대책	1999년 11월	18.0	사회자본 정비 6조8천억 엔
일본 신생을 위한 신발전 대책	2000년 10월	11.0	사회자본 정비 4조7천억 엔
사업 규모 누계			**131.8조 엔**

자료 : 사라진 일본경제의 기적 181쪽, 다카하시 조센 편저, 다락원

그뿐만이 아니다. 일본은행은 경기후퇴를 역전시키기 위하여 1991년 7월에 공정할인율을 6%에서 5.5%로 인하했으며, 그래도 경기하강이 멈추지 않자 1995년 9월까지 여덟 차례에 걸쳐 금리 인하를 추가로 단행하여 0.5%라는 당시까지 세계사에서 유례가 없는 수준으로 낮췄다. 0.5%는 대공황 때나 나타날 이자율이었다. 그러나 과거의 영광은 끝내 되살리지 못했고, 경기부진의 기간은 점점 길어졌다. 감세정책도 펼쳐봤고 규제완화도 시행해봤지만 2003년까지는 경기를 되살리는 데에 실패했다.

문재인 정권은 우리나라와 일본이 이미 여러 차례 실패했던 위와 같은 재정팽창 정책과 통화완화 정책만 시행하는 것이 아니

다. 그런 정책들에 덧붙여 경제난을 더욱 심화시킬 정책들을 가세시키고 있다. 그런 대표적인 정책들은 일자리 창출, 최저임금 인상, 비정규직의 정규직화, 일방적인 복지 확대 등이 그것들이다.

우선 인위적인 일자리 창출정책은 목적과 수단조차 구분하지 못한 가장 어리석은 정책이다. 비유하자면, 돈을 쓰는 목적을 위해서는 돈을 잘 버는 수단을 먼저 강구해야 한다. 만약 돈을 잘 버는 수단을 강구하지 않고 돈을 쓰는 목적에만 집착하다가는 파산하기 십상이다. 이것은 국가경제에도 마찬가지이다.

거듭 강조하거니와, 일자리 창출은 수단이 아니라 목적이다. 일자리 창출이라는 목적을 위해서는 경제성장이라는 수단을 먼저 강구해야 한다. 현실적으로 경제성장이 충분히 이뤄지면 일자리는 자동적으로 창출된다. 이것은 영원불멸의 경제원리이다. 만약 이 경제원리를 외면하고 일자리를 인위적으로 창출하면, 경제성장은 제약을 받게 되고 이에 따라 취업난은 더욱 심각해지고 만다. 이것 역시 세계사가 여러 차례 증명한 바 있다.

우선, 미국은 1929년에 주식시장이 붕괴에 직면하자 당시의 후버 대통령은 충격을 완화하기 위한 조치를 취했다. 그는 계획경제의 신봉자로서 1920~21년의 불경기로 비롯되었던 임금 하락과 실업률 증가가 다시 일어나서는 안 된다는 결론을 내렸다. 그는 불황으로 인한 악영향을 최소화시키고 불황 기간을 단축할 수 있도록 기업과 정부의 역할을 조정하기 위해 제조업과 건설업과 공공사업의 리더들을 1929년 11월 18일, 21일, 22일, 27일 백악관 회의에 소집했다. 그가 회의에 참석한 지도자들에게 전달한 사항은 '노동자의 구매력을 지원하기 위해 임금을 유지해야 한다.'는 것이었다.[3]

기업은 고용을 유지하기 위해 최선을 다해야했다. 노동자를 해고시키는 대신 주당 노동시간을 단축함으로써 전체 노동인구를 유지해야했고, 자신의 손해를 감수하면서라도 임금을 삭감하지 말아야했다. 그리고 건설과 설비 투자를 확대하지는 못해도 현상을 유지해야했다. 각 산업 분야의 지도자들은 11월의 닷새와 12월5일 워싱턴에서 있었던 대규모 회의에서 이 사항에 대해 공식적으로 동의했다.

후버 대통령의 재촉을 받은 상공회의소는 그것을 확실히 보장받기 위해 임금을 그대로 유지하고 신규 투자를 늘리겠다는 약속을 기업들로부터 받아냈다.[4] 대기업 임금은 1930년 대부분의 기간 동안 거의 일정하게 유지됐다. 후버 대통령과의 약속 덕분이었다. 하지만 1930년 마지막 분기에는 몇몇 기업이 임금을 삭감하기 시작했고, 더 나아가 매출 하락에 대처하기 위해 노동자를

---

3) '세계 대공황' 27쪽, 진 스마일리, 지상사, 2008년

4) 위의 책 28쪽

해고하기 시작했다.[5] 임금 하락을 억제시키려던 이 정책은 1년도 채 지나기 전에 실패하고 말았다. 오히려 이것은 경기침체의 기간을 더욱 늘리는 역할을 하고 말았다. 왜 그랬을까?

경기가 하강에서 상승으로 전환하기 위해서는 기업의 생산과 투자와 고용이 증가해야하고, 이를 위해서는 기업의 이익이 증가해야한다. 기업은 이익을 목적으로 존재하므로. 그런데 임금 하락을 억제시킨 정책은 기업의 이익이 증가하지 못하도록 막았다. 아니, 이익을 오히려 감소시키고 손실을 키웠다. 생산과 투자와 고용은 줄어들 수밖에 없었다. 그래서 경제는 점점 악화되기만 했다. 이것이 냉정한 경제원리이다. 경제에서는 언뜻 보기에 바람직하고 정의롭게 여겨지는 정책이 오히려 더 나쁜 결과를 빚는 일이 종종 빚어진다. 인기에만 영합하려는 정책은 이래서 비극적인 결과를 흔히 낳는다. 금주법은 그런 대표적인 사례로서 마피아의 융성을 초래하는 결과를 빚었다.

두번째 사례로는 독일이 1990년대 초에 시행했던 '사회적 일자리 창출' 정책을 꼽을 수 있다. 독일 정부는 통일 직후에 실업률이 높아지자 1992년부터 대대적인 '사회적 일자리 창출' 프로젝트인 'MEGA-ABM'을 추진했다. 첫해인 1992년에만 46만6천 명을 이 프로젝트에 참여시켰고, 다음 해에는 28만8천 명을 참여시

---

5) '세계 대공황' 30쪽

키는 등 2000년까지 9년 동안에 총 240만 개의 사회적 일자리를 창출했다. 불행히도 그 결과는 기대와 다르게 실망스러웠다.

일자리를 대규모로 창출했음에도 불구하고 1991년에 7.2%였던 실업률은 꾸준히 상승하여 1995년에는 12.9%까지 치솟았다. 그 뒤에는 실업률이 10% 바로 아래에서 하락과 상승을 반복하다가 2003년부터는 다시 10%를 넘겼다. 독일의 사회적 일자리 창출은 이처럼 실업률을 떨어뜨리기는커녕 오히려 상승시켰고, 잠재성장률마저 좀먹었다. 결국 일자리 창출정책은 폐기되고 말았다.

독일의 사회적 일자리 창출 참여(만 명) 및 실업률(%)

구분	1992	1993	1994	1995	1996	1997	1998	1999	2000
일자리 창출	46.6	28.8	25.0	27.6	26.1	21.4	21.0	23.4	20.4
실업률	8.7	10.4	11.4	12.9	8.8	9.8	9.7	8.8	7.9
성장률	2.2	-1.2	2.9	1.7	0.8	1.5	1.8	2.1	2.9

자료 : 90년대 독일의 노동시장정책과 고용보험제도, 장은숙, 한국노동연구원
* 실업률과 성장률은 국제통계연감 2005년, 통계청

끝으로, 프랑스는 1990년대 중반에 '일자리 나누기'를 통해 일자리 창출에 나섰다. 이 결과도 독일처럼 실망스러웠다. 1994년에 이어 1995년에도 실업률이 연속 10%를 넘어서자 1996년에는 로비앙 법(loi de Robien)을 제정하여 일자리 나누기를 통해 기존의 일자리를 보존하거나 새 일자리를 창출하는 기업에 여러 인센티브를 줬다. 그래도 실업률이 떨어지지 않자, 1998년에는 오브리

법(loi de Aubry)을 제정하여 법정 근로시간을 39시간에서 35시간으로 단축했다. 하지만 실업률은 1998년과 1999년에 각각 11.8%와 11.7%를 기록하여 여전히 높은 수준에 머물렀다. 프랑스의 일자리 나누기 역시 독일처럼 처참한 결과를 빚었다.

프랑스의 실업률과 성장률 추이

구분	1994	1995	1996	1997	1998	1999	2000	2001	2002	2003
실업률	12.3	11.6	12.1	12.3	11.8	11.7	10.0	8.8	8.9	9.7
성장률	1.8	1.9	1.1	1.9	3.5	3.1	3.8	2.1	1.2	0.5

자료 : 국제통계연감 2005년, 통계청

왜 일자리 창출은 실패했을까? 일자리를 창출하면 소득이 늘고, 소득이 늘면 소비가 늘어남으로써 경기가 상승하며, 그러면 성장률도 높아져 실업률이 추가로 떨어질 것이라는 게 미국과 독일과 프랑스에서 일자리 창출을 추진했던 정책당국의 믿음이었다. 그러나 세상에는 그럴 듯하고 바람직하게 보이는 것이 진실과는 거리가 멀고 부정적인 결과를 남기는 경우가 제법 많다. 경제에서는 그런 경우가 더 자주 일어나는데, 일자리 창출은 그런 대표적인 사례이다. 왜 그럴까? 그 경제원리는 다음과 같이 비교적 단순하다.

일자리를 창출하면 소득이 늘고 경기가 상승하며, 생산이 늘어난다. 생산이 늘면 고용의 수요가 늘어나는데, 이 수요에 응할 노동력은 이미 일자리 창출정책을 통해 소진했다. 결국 한계생산성이 뒤떨어지는 노동을 고용할 수밖에 없다. 한계생산성이 뒤떨어지는 노동을 고용하면, 경기는 하강하고 만다. 한계효용이 가격을 결정하듯이, 한계생산성이 소득을 결정하기 때문이다. 한계생산성이 떨어지는 노동을 고용하면 당연히 소득은 감소하고, 소득이 감소하면 경기가 하강하며, 결국은 해고가 늘어나 실업률은 오히려 상승한다. 일자리 창출은 경제성장의 결과일 따름이다. 경제성장이 일자리 창출의 원인이라는 것이다. 원인과 결과를 도치시키면 당연히 더 나쁜 결과를 초래한다.

우리나라에서도 미국과 독일과 프랑스에서 거듭 실패했던 정책이 재현되었다. 이명박 정권은 물론이고 그 뒤를 이어받은 박근혜 정권도 일자리 창출에 적극적으로 나섰으나, 그 결과는 이미 실망스럽게 나타났다. 문재인 정권에서도 마찬가지로서 일자리는 잠시 다소 늘었지만, 임금 수준이 높고 안정적인 좋은 일자리는 늘어나지 않았으며 임시직이나 일용직과 비정규직 등 나쁜 일자리만 늘어났을 뿐이다.

그럼 어찌해야 좋은 일자리를 만들고 실업률을 획기적으로 떨어뜨릴 수 있을까? 경제성장률이 안정적으로 높아지면 생산과 투자가 늘고 이에 따라 고용은 자동적으로 늘어나는 게 경제의 냉정한 법칙이다. 고용 확대라는 목적은 성장률의 안정적인 상승이라는 수단의 뒷받침을 받아야 하는 것이다. 이 법칙을 위배하면 그 결과는 비참해졌던 것이 세계사적 경험이다.

문재인 정권에서는 위와 같은 인위적인 일자리 창출정책만 펼쳐진 것이 아니다. 경제성장률을 떨어뜨림으로써 경제난을 심화시키는 다른 정책들도 함께 추진하는 어리석은 짓을 저지르고 말았다. 그런 대표적인 정책들로는 최저임금 인상과 비정규직의 정규직화 등을 들 수 있다.

왜 이런 정책들이 경제성장률을 떨어뜨려 경제난을 심화시킬까? 우선 최저임금 인상과 비정규직의 정규직화 등은 기업의 생산비를 급등시킨다. 그러면 당연히 기업의 경영수지는 악화된다. 경영수지가 악화되면 어떤 일이 벌어질까? 기업은 추가적인 투자와 고용을 하지 못하게 된다. 경영수지가 악화되기만 하는데 어떻게 투자와 고용을 증가시킬 수 있겠는가? 결국은 기업의 투자와 고용이 급감하면서 경제성장률은 떨어지고 경제난은 더욱 심화시키고 만다.

최저임금 인상과 비정규직의 정규직화 역시 목적을 수단으로 삼은 전형적인 실책이다. 임금 인상과 정규직 창출은 목적이지 수단이 결코 아니라는 것이다. 임금인상과 정규직 창출이라는 목적을 위해서는 경제성장이라는 수단이 먼저 강구되어야 한다. 실제로 국가경제의 성장을 이끄는 것은 기업의 투자와 고용인데, 최저임금 인상과 비정규직의 정규직화가 기업의 고용과 투자를 막아버린 꼴이다. 이것들은 또 얼마나 어리석은 정책인가.

우리 경제의 무엇보다 심각한 점은, 이명박 정권 이래 역대 정권이 집행해온 낮은 이자율 정책이 국가경제를 결정적으로 쇠락시킬 후유증을 남기고 있다는 것이다. 그 후유증은 바로 간헐적으로 계속 벌어지고 있는 부동산 투기열풍이다. 현실적으로 부동산 투기열풍은 국가경제의 소중한 자원을 비생산적인 분야로 집중시킴으로써 성장잠재력과 국제경쟁력을 약화시키는 역할을 하곤 한다. 위와 같은 사실은 세계경제사가 이미 충분히 입증한 바이다. 과거에 세계경제의 패권을 장악했던 이탈리아 도시국가들, 포루투갈과 스페인, 네덜란드, 영국 등은 모두 부동산 투기열풍이 불어 닥친 이후부터 쇠락의 길로 들어섰던 것이다.

우리나라도 지금 그런 상황에 처해 있다. 이자율이 낮아서 그리고 국내경기가 부진해서 사람들이 생산적인 분야에서 부를 새롭게 축적할 기회를 찾지 못하고 있다. 그래서 부동산 투기로 몰려들고 있는 것이다. 불행하게도 문재인 정권은 부동산 투기의 이런 근본적인 원인은 외면한 채, 그 결과에만 정책처방을 하고 있다. 강력한 단속과 강력한 규제 등의 정책만을 남발하고 있는 것이다. 그러나 이런 방법은 하책 중의 하책이다.

부동산 투기를 근본적으로 해소하기 위해서는 국내경기를 하루빨리 회복시키는 것이 최선이다. 국내경기가 회복되어야 기업의 투자와 고용이 늘어나고 이에 따라 이자율도 높아짐으로써, 국민들이 생산적인 분야에서 부를 축적할 기회가 충분히 잡을 수가 있게 되는 것이다. 이것이 바로 부동산 투기를 근본적으로 제어할 수 있는 최선의 경제정책이다.

이제 정리를 해보자. 어찌해야 경제를 살려낼 수 있을까? 위에서 언급한 정책들 즉, 인위적인 일자리 창출, 최저임금 인상, 비정규직의 정규직화 등의 정책을 즉각 중단해야 한다. 재정지출 확대와 통화완화 정책도 마찬가지이다. 이 정책들이 성장률을 떨어뜨림으로써 경제난을 심화시키고 있기 때문이다.

그다음으로, 분기별 성장률의 격차를 최소화시킴으로써, 기업의 투자와 고용이 꾸준히 증가할 여건을 마련해줘야 한다. 그래야 우리나라의 잠재성장률이 향상될 여건이 마련될 수가 있다. 실제로 미국의 경우를 보면, 성장률이 2~3%에 불과하지만, 경기를 비교적 안정적으로 유지하고 있어서 기업의 투자와 고용이 꾸준히 증가하고 있다.

끝으로, 수출 증가에 집착하고 있는 정책 즉, 환율방어 정책을 그만 접어야 한다. 수출보다 훨씬 중요한 것은 내수이기 때문이다. 이미 앞에서 강조하고 또 강조한 바와 같이, 수출의 비중은 국내총생산의 10% 남짓에 불과하다. 반면에, 내수의 비중은 90%에 이른다.

한편, 문재인 정권에서는 여야 사이에 정권교체가 이뤄졌음에도 불구하고 경제정책이 전혀 바뀌지 않은 이유가 도대체 무엇일까? 이명박 정권과 박근혜 정권이 경제난을 노무현 정권보다 더 심화시켰다면, 그리고 여야 사이에 정권이 교체되었다면 경제정책이 바뀌는 것이 순리일 터인데, 문재인 정권에서도 이명박 정권과 박근혜 정관과 크게 다르지 않은 경제정책들을 여전히 펼치는 이유가 무엇일까? 오히려 경제난을 심화시킬 경제정책들까지 줄기차게 가세시킨 이유는 도대체 무엇일까?

가장 큰 이유는 노무현 정권과 문재인 정권의 정치적 기반인 김대중 정권에서 경제정책이 실패했다고 잘못 인식하고 있는 데에 있다고 해야 한다. 실제로 문재인 정권의 주요 인사들은 물론이고 관변의 진보적인 경제학자들까지 김대중 정권이 '역주행'을 했다고 떠들고 다닐 정도이다. 이런 행태가 과연 타당한 것일까? 지금부터는 이 문제를 자세히 살펴보도록 하자.

5

김대중 정권의 위대한 경제업적

세상사를 들여다보면, 성공의 길은 유일하거나 아주 좁다. 그리고 성공의 길은 험난하기만 한 것이 보통이다. 피땀을 흘리고 고통을 인내해야 비로소 성공의 길로 들어설 수 있다. 반면에, 실패의 길은 사방에 널려 있고, 아주 쉽다. 땀을 흘리지 않아도 되고 고통을 인내할 필요도 없다. 만약 피땀을 흘리고 고통을 인내하는 것을 두려워하여 성공의 길에서 벗어나면 어떤 일이 벌어질까? 당연히 남는 것은 실패의 길밖에 없고, 그 결과는 끔찍할 수밖에 없다.

김대중 정권에서는 피땀을 흘리고 일시적인 고통을 인내해야 할 경제정책이 펼쳐짐으로써, 진보적 지식인 사회가 이것을 비난하기에 앞장섰지만, 김대중 정권이 그런 정책 즉, 피땀 흘리고 일시적인 고통을 인내하는 정책을 펼치지 않았더라면, 외환위기를 극복하지 못했을 뿐만 아니라, 우리 경제가 고도성장가도에 다시 올라서지도 못했을 것이다. 비록 노무현 정권 이후에는 성장률이 뚝 떨어짐으로써 우리 경제가 불행하게도 저성장 궤도에 들어서고 말았지만 말이다. 이것은 참으로 안타까운 일이 아닐 수 없다.

노무현 정권 이래 이명박 정권과 박근혜 정권 그리고 현재의 문재인 정권에 이르기까지 경제난이 점점 더 심화되기만 했던 이유가 바로 여기에 있다. 즉, 김대중 정권이 피땀 흘리고 고통을 인내하며 애써 가꾸었던 성공의 길을 배척하고, 그 길을 개척했던 정책들을 폐기했던 것이 오늘날과 같은 심각한 경제난을 초래했던 것이다. 지금부터는 이 문제를 자세히 살펴보도록 하자.

우선, 노무현 정권은 김대중 정권과의 차별화를 보여준다며 가계부채를 국정과제로 삼았다. 다시 말해, 김대중 정권이 가계부채라는 짐을 노무현 정권에 떠넘겼는데, 이것은 대표적인 경제정책의 실패라고 노무현 정권은 믿었던 것이다. 하지만 이미 자세히 살펴본 것처럼, 당시의 가계부채는 결코 심각한 것이 아니었다. 아니, 오히려 바람직한 것이었다.

실제로 자본축적이 부족하던 시절에는 서민들이 은행의 대출을 꿈도 꿀 수가 없었다. 그러나 김대중 정권은 경제를 비약적으로 성장시킴으로써 그리고 국제수지 흑자를 대규모로 키움으로써 자본축적이 충분히 이뤄지게 했으며, 이에 따라 서민들도 이자가 아주 싼 은행 대출을 받을 수 있게 되었다.

한심스럽게도 노무현 정권은 이런 바람직한 일을 이룩한 김대중 정권의 업적을 실패한 것으로 몰아붙였고, 가계부채 문제를 해결한다면서 가계신용의 증가율을 극단적으로 억제했다. 그 결과는 이미 앞에서 살펴본 바와 같이 처참했다. 성장률은 뚝 떨어지고 경제난이 점점 심화되었던 것이다. 이에 따라 취업난 등 여러 부작용을 초래하고 말았다.

심지어 진보적인 지식인 사회에서는 김대중 정권이 우리 경제를 역주행시켰다고 비난하기도 했다. 그러나 그들은 외환위기가 얼마나 무서운 경제질병인가, 그 극복이 얼마나 위대한 업적인가 등에 대해서는 눈을 감고 말았다. 그뿐만이 아니다. 김대중 정권은 외환위기를 세계사에서 가장 성공적으로 극복한 것은 물론이고, 우리 경제를 고도성장가도에 다시 올려놓았음에도 불구하고, 어느 경제전문가도 이런 위대한 업적들을 제대로 평가하려하지 않았다.

재삼 강조하거니와, 성공의 길은 유일하거나 아주 좁고, 실패의 길은 사방에 널려 있다. 따라서 성공의 길을 내팽개치면 남는 것은 오직 실패의 길밖에 없다. 김대중 정권이 성공했던 경제정책들을 역주행했다며 내팽개쳤으니, 노무현 정권 이래 여러 정권들에서는 실패할 경제정책만 난무한 꼴이 되고 말았다.

지금이라도 늦지 않았다. 김대중 정권의 성공했던 경제정책들을 오늘에 되살려야 한다. 그래야 나날이 심각해져만 가는 현재의 경제난을 해소할 길이 비로소 열릴 수 있다. 이를 위해서는 김대중 정권이 어떤 경제정책을 펼쳤는지, 이에 따라 얼마나 위대한 업적을 남겼는지를 재평가할 필요가 있다.

1998년 2월, 김대중 정권이 출범하던 날, 어떤 신문은 "5년 안에 외환위기만 극복해도 역사는 위대한 업적을 남겼다고 기록할 것이다."라고 당부했다. 이것은 당시 경제전문가들은 물론이고 다른 지식인 사회에서도 일반적인 인식이었다. 그만큼 외환위기는 심각한 경제적 질병으로서 좀처럼 치유가 어렵다는 사실이 세계사에 의해서 이미 여러 차례 드러났기 때문이었다.

실제로 근대 경제학의 발상지이자 선진국의 일원이었던 영국조차도 외환위기가 터진 뒤 심각한 경제난을 장기간 겪은 바 있다. 즉, 1976년 말에 외환보유고가 고갈위기에 처한 다음에 심각한 경제난은 물론이고 극심한 사회혼란까지 겪어야 했던 것이다. 이 외환위기를 극복하기 위해 영국 정부는 복지예산의 축소 등 강력한 재정긴축 정책을 펼쳤어야 했다. 외환보유고의 고갈위기를 벗어나기 위해서는 해외로부터의 수입을 억제해야 했으며, 이를 위해서는 국내수요를 억제하기 위해 긴축정책을 펼치지 않을 수 없었던 것이다. 그 반발로 노동자 파업 등 사회혼란이 극에 달했고, 경제난은 5년 동안이나 지속되었다.

또 다른 사례로는 1980년대 중남미의 여러 나라들이 겪은 외환위기를 첫손가락에 꼽을 수 있다. 그중에서도 가장 심각한 사례는 아르헨티나였다. 아르헨티나는 1979년 말에 외환보유고가 고갈 직전에 이름으로써 1980년에는 외환위기가 본격적으로 진행했다. 불행하게도 아르헨티나는 이때의 위기를 좀처럼 극복하지 못했다. 그 바람에 외환위기가 1980년대 말까지 간헐적으로 두 차례 더 발생했다. 결국 아르헨티나는 '잃어버린 10년'의 세월을 보내야 했다.

첫 번째 외환위기가 발생했던 1980년에는 성장률이 1%대로 뚝 떨어졌고, 외환위기가 진정되지 않으면서 1981년과 1982년에는 연속 마이너스 성장률을 기록했다. 1983년에는 성장률이 플러스로 전환하기는 했으나, 1984년에 외환위기가 다시 발발했다. 그래서 1985년에는 −6.9%라는 최악의 성장률을 기록하고 말았다. 이것으로도 그치지 않았다. 1986년에는 플러스 성장률을 기록했지만, 1987년에 또 외환위기가 재발하면서 1988년부터 1990년까지 연속 마이너스 성장률을 기록했다. 그뿐만이 아니었다. 외환위기에 따른 경제난을 해소한다면서 재정지출을 지속적으로 확장했고, 이것이 통화증발로 이어지면서 1980년대 말에는 물가가 한 해에 수천%에 이르는 일이 벌어졌다.

아르헨티나의 1980년대 성장률 추이

구분	1980	1981	1982	1983	1984	1985	1986	1987	1988	1989	1990
성장률	1.5	−5.7	−3.1	3.7	1.8	−6.6	7.3	2.6	−1.9	−6.2	0.1

자료 : International Financial Statistics 1995, IMF

결국 아르헨티나는 세계경제의 골치 덩어리로 전락하고 말았다. 어느 한 나라에서 발생한 외환위기는 다른 나라들로 아주 빠르게 그리고 아주 쉽게 전염되는 특성을 지녔기 때문이다. 실제로 아르헨티나의 외환위기는 브라질 등 중남미 여러 나라들은 물론이고 경제체력이 약한 전 세계의 여러 나라들로 전염되었다. 미국마저 성장률이 1982년에 마이너스를 기록할 정도로 세계경제는 심각한 경제난을 겪었다. 그래서 어느 한나라에서 외환위기가 발생하면 IMF 등이 구제금융을 해줌으로써 외환위기를 벗어날 수 있도록 도와줘야했다.

  위와 같은 비극적인 사태는 당시에 우리나라 언론에도 자세히 보도된 바 있었다. 그래서 우리나라 지식인 사회는 "5년 안에 외환위기만 극복해도 역사는 위대한 업적을 남겼다고 기록할 것이다."라는 점을 쉽게 받아들였을 것이다.

  하지만 이것은 김대중 정권이 외환위기를 극복하지 못할 것으로 지레짐작한 것이었을 뿐이었다. 김대중 정부가 외환위기를 무사히 극복한 것으로 드러나자 그들은 태도를 급변시켰다. 국제수지와 성장률 등의 여러 경제통계들이 명백하게 증명했듯이, 김대중 정권은 외환위기를 세계사에서 가장 단기간에, 가장 성공적으로 극복했음에도 불구하고, 지식인 사회는 어떻게든 그런 위대한 경제업적을 헐뜯기 위해 전력을 기울이는 모습을 보였다. 이것은 언어도단이었다.

실제로 김대중 정권은 불과 1년 만에 외환위기를 완벽하게 벗어났다. 우선, 1998년 말의 외환보유고가 520억 달러에 이름으로써 외환위기 직전의 최고치보다 거의 두 배나 더 많이 쌓였다. 이것은 어떻게 가능했을까? IMF 등이 구제금융으로 189억 달러를 제공한 것도 중요한 역할을 했지만, 1998년의 경상수지가 401억 달러에 달했던 것이 외환보유고 확충에 더욱 결정적인 역할을 했다. 우리 경제가 본격적으로 회복되어 성장률이 11%를 넘어섰던 1999년에도 경상수지 흑자는 216억 달러를 기록했다. 이로써 외환보유고 고갈위기에서 완전히 탈출할 수 있었다. 1980년대의 아르헨티나와는 다르게, 김대중 정권은 외환위기의 재발 가능성을 원천봉쇄했던 것이다.

다음으로, 김대중 정권은 외환위기가 발생한지 불과 1년 만에 경제회복을 이뤄냈다. 1998년에는 외환위기가 발생함에 따라 성장률이 –5.5%를 기록했지만, 바로 다음해인 1999년에는 무려 11.3%를 기록했다. 그러자 대부분의 언론과 지식인 사회는 이 실적을 높이 평가하기는커녕 본격적으로 폄하하기 시작했다. 1998년에 심각했던 경기하강의 반사이익에 불과하다고 비판했던 것이다.

그러나 2000년에도 성장률이 아주 높은 수준인 8.9%를 기록하자 반사이익에 불과하다는 그들의 비판은 쏙 들어가고 말았다. 하지만 자신들의 터무니없는 비판에 대해 반성하기는커녕 오히려 새로운 이슈들을 창조하여 김대중 정권의 경제업적을 깎아내리기에 여념이 없었다. 이 얘기는 잠시 뒤로 미뤄두고, 김대중 정권이 위와 같은 뛰어난 경제적 성과를 거둔 과정부터 먼저 살펴보도록 하자. 이것은 우리 경제가 장차 회생하는 데에도 큰 교훈을 주기 때문이다.

그럼, 외환위기 이전에는 대규모 적자를 기록하던 경상수지가 어떻게 갑자기 대규모 흑자로 전환했을까? 그리고 외환위기를 겪었던 다른 나라들은 대부분 최소 수년 동안의 경기후퇴를 겪었는데, 우리나라만 어떻게 그처럼 빠르게, 불과 1년 만에 경기회복을 이뤄냈을까?

우선, 경상수지를 대규모 흑자로 전환시킨 경제정책이 무엇인가부터 따져보자. 외환보유고의 고갈위기를 벗어나기 위해서는 외환보유고의 확충이 필수적이었고, 이를 위해서는 경상수지를 흑자로 전환시키는 것이 급선무였다. 그래서 강력한 긴축정책을 펼치지 않을 수 없었고, 이것이 경상수지를 흑자로 전환시키는 데에 결정적인 역할을 했다. 긴축정책이 국내수요를 위축시켜 우리나라의 수입을 크게 감소시켰던 것이다. 그래서 1998년의 경상수지는 무려 401억 달러의 흑자를 기록하는 괄목할 만한 성과를 거뒀다. 이런 경상수지의 대규모 흑자는 IMF 등과 약정한 당초의 구제금융 규모인 584억 달러를 189억 달러로 대폭 축소시킴으로써 우리 경제의 부담을 그만큼 줄여줬다.

우리나라가 외환위기를 완전히 극복한 뒤 즉, 2000년 이후에도 경상수지는 계속 대규모 흑자를 기록했는데, 그리고 이 추세는 지금까지 이어지고 있는데, 그 이유는 무엇일까? 어떤 정책이 우리나라를 만성적인 경상수지 적자국가에서 만성적인 흑자국가로 바꿔놓았을까? 여기에 가장 결정적인 역할을 한 경제정책은 김대중 정권이 재정지출 등 공공부분을 20%나 축소시킨 것이었다. 민간부문보다 생산성과 수익성이 낮은 공공부문을 축소시켰으니, 국가경제의 평균적인 생산성과 수익성이 크게 향상되는 것은 당연한 일이었다. 다시 말해, 공공부문을 20%나 축소시킨 정책이 우리 경제의 국제경쟁력과 성장잠재력을 결정적으로 향상시켰던 것이다.

다음으로, 외환위기를 완전히 극복하기 위해서는 경기를 하루속히 회복시켜야 했는데, 이것도 불과 1년 만에 성공적으로 이룩해냈다. 이게 어떻게 가능했을까? 외환위기가 진행됨에 따라 국내경기가 급강하한 상태에서 말이다. 국내경기의 회복을 위해서는 기업의 투자와 고용이 증가해야 했고, 이를 위해서는 기업의 경영수지가 우선적으로 개선되어야 했다. 당시는 외환위기 때문에 심각한 경기후퇴가 벌어지고 있었는데, 이런 때에 기업의 경영수지가 개선되기 위해서는 오직 하나, 공급자 시장을 조성하는 정책을 펼쳤을 경우밖에 없다.

간단히 말해, 김대중 정권은 강력한 구조조정과 긴축정책을 통해 다수의 기업과 다수의 금융기관을 시장에서 퇴출시킴으로써 공급자 시장을 조성했고, 이것이 빠른 기간 내에 국내경기를 회복시켰던 것이다. 다만 다수의 기업과 금융기관이 퇴출되는 희생을 치러야했다. 그러나 이런 희생이 없었더라면, 우리나라도 영국이나 아르헨티나처럼 5년 이상 심각한 경제난을 겪었어야 했을 것이며, 결국은 더 많은 기업과 금융기관들이 도산하고 말았을 것이다.

하지만 경제전문가와 지식인 사회는 다수의 기업과 금융기관이 퇴출된 것을 비난하고 나섰다. 그들은 단군 이래 최대의 난리라던 환란이 터졌다면, 그리고 그 극복을 위해서는 필연적으로 부작용과 후유증이 발생할 수밖에 없다는 사실을 끝내 외면했다. 비유하자면, 암과 같은 중병에 걸린 환자를 치료하기 위해서는 수술도 해야 하고, 방사선 치료도 해야 하며, 독한 항암제도 복용해야 한다. 그리고 이런 치료들은 환자의 체력을 약화시키고 건강 역시 일시적으로 크게 악화시키곤 한다. 이런 일이 우리 경제에서 벌어졌던 것이다.

실제로 멀쩡하게 잘 다니던 회사에서 정리해고를 당한 노동자가 110만 명에 달했고, 길거리에는 노숙자가 넘쳐났다. 흑자를 기록하던 기업까지 부도를 내는 등 3만 개 이상의 기업이 도산했다. 재벌들마저 예외일 수는 없어서 30대 재벌 중에서 16개가 사라졌거나 공중 분해되었다. 자영업자들이 도산한 것은 통계에도 잡히지 않았으며, 그에 따른 가정파탄도 마찬가지였다.

이것이 또 언론과 지식인 사회의 비난거리가 되었다. 심지어 우리 정부에 강력한 긴축재정을 강요했던 IMF에 맞서서 "외채의 지급불능을 선언했어야 했다."는 주장까지 대두했다. 그러나 IMF는 우리나라에 1998년의 성장률 목표치를 3% 수준으로 제시했을 뿐이다. 반면에, 김대중 정권은 외환위기를 벗어나기 위해 더욱 강력한 긴축정책과 공공부문 축소를 단행했고, 1998년의 성장률이 −5.5%를 기록하는 결과를 빚었다. 오히려 이런 급격한 경기후퇴가 세계사에서 가장 성공적으로 외환위기를 극복하게 하였다.

만약 우리 정부가 외채의 지급불능을 선언했더라면 어떤 일이 벌어졌을까? 당연히 참혹한 사태가 발생했을 것이 뻔하다. 실제로 외채의 지급불능을 선언했다가 외환위기를 10여 년 이상 지속시킨 사례는 세계사에서 얼마든지 찾아볼 수 있다. 그럼, 외채의 지급불능을 선언하면 왜 경제난이 극단으로 치달을까? 외채의 지급불능을 선언하는 순간, 수출은 물론이고 수입마저 거의 불가능하게 되고 만다. 수출과 수입은 국제금융시장의 신용에 의해서 이뤄지는데, 지급불능을 선언한 국가에는 어떤 국제금융기관도 신용을 제공하지 않기 때문이다. 결국 수출과 수입이 거의 중단되고 마는 것이다.

만약 수출과 수입이 거의 중단되면 어떤 일이 벌어질까? 이것은 상상만으로도 끔찍한 일이다. 국민의 생존에 필수적인 식량 등의 각종 자원은 물론이고 석유 등의 에너지 자원과 여러 공업용 자원들도 수입할 수 없게 되고 만다. 그 다음에 어떤 사태가 벌어질지는 더 이상 언급할 필요조차 없을 것이다. 한마디로, 외채의 지급불능을 선언했어야 한다고 주장했던 일부 언론과 지식인 사회 그리고 시민단체 등은 우리 국민을 참혹한 나락으로 떨어뜨리자고 주장한 꼴이었다.

거듭거듭 강조하거니와, 김대중 정권은 외환위기를 세계사에서 가장 성공적으로 극복했다. 외환위기에 따른 경제난을 불과 1년 만에 해소했고, 성장률도 1년 만에 11.3%로 끌어올렸으며, 경상수지도 대규모 흑자로 전환시켰던 것이다. 그뿐만이 아니다. 외환위기가 터지면 당연히 나타나기 마련인 빈부격차, 국가부채, 공적자금 등의 후유증과 부작용도 최소화시켰다.

그런데 왜 국민들은 김대중 정권의 위와 같은 탁월한 업적을 모르고 있을까? 당연히 국내 언론과 지식인 사회가 그 업적을 폄하기에 여념이 없었고, 이것이 당시의 사회분위기를 지배했기 때문이다. 그러나 이것은 참으로 어이없는 일이었다. 이해하기 쉽게 비유를 하나 들어보자. 아무리 뛰어난 미인도 굳이 결점을 찾으려고만 하면 얼마든지 찾아낼 수가 있다. 이를테면, 피부가 곱다고는 하지만 곳곳에 눈에 띄지 않는 잡티가 있다거나, 눈이 예쁘다고는 하지만 요사스럽게 보인다는 등등으로 말이다. 미인을 평가할 때는 전체적으로 해야 하듯이, 경제업적도 마찬가지이다.

언론과 경제전문가 사회는 오직 김대중 정권의 경제업적에서 부정적인 것들만을 내세웠다. 흑자 기업을 도산시켰다. 국부를 유출시켰다, 공적자금을 공짜자금처럼 사용했다, 빈부격차가 커졌다, 가계부채가 급증했다 등등의 부정적인 아젠다를 양산하여 퍼뜨리는 데에만 여념이 없었다. 이런 것들은 외환위기가 터지면 필연적으로 겪을 수밖에 없고, 오히려 외환위기를 극복하는 데에는 필수적이었는데 말이다. 무엇보다 주목할 점은, 위와 같은 부작용과 후유증은 외환위기를 겪은 나라들 중에서 우리나라가 세계에서 가장 적었다는 사실이다.

집안에서 대접을 받지 못하면 밖에 나가서도 홀대를 받는 것이 세상사이다. 실제로 외국의 저명한 경제학자들도 김대중 정권의 위대한 경제업적을 올바르게 평가하기는커녕 헐뜯는 데에 앞장섰다. 그런 대표적인 경제학자들로는 제프리 삭스, 조지프 스티글리츠, 마틴 펠트스타인, 폴 크루그먼 등을 들 수가 있다. 이들 중에서 대부분은 우리나라가 외환위기를 성공적으로 극복했다는 사실이 경제통계에 의해서 증명된 다음에는 입장을 바꿨지만, 여전히 폄하하는 경제전문가들이 아직도 남아 있다.

우리나라 경제에 대한 저주 중에서 최악의 것으로는 일본의 저명한 컨설턴트인 오마에 겐이치의 것을 꼽을 수 있다. 그는 우리 재벌들이 연쇄도산을 할 것이며 국가경제도 곧 파탄에 직면할 것이라고 줄기차게 떠들었다. 더욱 한심한 것은 국내 언론이었다. 오마에 겐이치의 주장은 극우잡지인 [사피오]에 실린 것이었는데, 이 잡지는 정신대를 창녀집단으로 묘사하는 등 역사왜곡에 앞장서곤 했다. 이런 거짓을 서슴없이 보도하는 잡지에 실린 글을 우리나라 언론이 국내에 여러 차례 소개한 것은 참으로 어이없는 일이었다.

더욱 어이없는 것은, 국내 언론과 경제전문가들이 동원한 부정적인 아젠다들이 외환위기를 극복하기 위해서는 필수적인 것들이었다는 사실이다. 우선, 외환보유고를 확충하기 위해서는 외국자본의 도입이 필수적이었는데, 이것을 국부유출로 비난했다. 국제수지 개선을 위해서는 긴축정책이 필수적이었는데, 이것을 흑자기업 도산으로 둔갑시켰다. 그 밖의 것들도 마찬가지였다.

외환위기에 따른 금융위기의 해소를 위해서는 금융기관과 기업의 구조조정이 필요했고, 이를 위해서는 공적자금의 투입이 필수적이었는데, 이것을 공짜자금이라고 비난했다. 국가부채가 급증했다고 주장했는데, 정부의 중장기 재정계획보다 5년 이상 앞당겨서 재정균형을 이뤘다는 사실은 외면했다.

앞에서도 언급한 것처럼, 산업공동화와 빈부격차 등의 부작용과 후유증도 외환위기를 겪은 나라 중에서는 가장 적었다는 사실도 외면당했다. 가계부채 문제를 제기한 것은 더 심각하여 김대중 정권을 뒤이은 노무현 정권이 경제난을 초래하는 데 결정적인 역할을 했다. 이 문제는 이미 앞에서 충분히 살펴봤다.

더욱 심각한 사태는 그 뒤에 벌어졌다. 1999년에 11.3%라는 아주 높은 성장률을 기록했던 것이 언론과 경제전문가 사회의 질시를 초래했다면, 2000년에도 8.9%라는 괄목할 만한 성장률을 기록한 뒤에는 저주에 가까운 비난을 초래하고 말았다. 이 내용과 그 전개과정도 자세히 살펴볼 필요가 있겠다. 노무현 정권, 이명박 정권, 박근혜 정권을 거치면서 그리고 문재인 정권에서 경제난이 자꾸만 심각해진 이유가 바로 여기에 있기 때문이다.

2000년 초에는 우리 경제가 "올해는 7%만 성장해도 괄목할만한 성과를 거뒀다고 평가할 수 있을 것이다"라는 것이 언론의 대체적인 보도였고, 경제전문가 사회도 마찬가지의 분위기였다. 하지만 2000년 상반기에도 경기호조가 지속된 것으로 나타나자, 언론과 경제전문가 사회는 태도를 일변했다. 어떤 신문은 2000년 7월 4일에 '하반기 수출전망 어둡다'라는 기사를 대문짝만 하게 실었다. 그러나 우리나라 수출은 그런 보도를 비웃듯이 무려 25%나 증가했다. 그러자 이번에는 '건설경기 전망 어둡다'라는 기사를 내보냈는데, 건설수주는 40% 이상 급증했다. 다른 어떤 신문은 '창원공단의 기계들이 고철이 돼간다'고 보도했으나 기계수주는 65%나 급증했다.

위와 같이 어이없는 보도들이 곧이어 발표된 경제통계에 의해 부정을 당하자, 이번에는 막연한 그러나 자극적이고 신랄한 제목의 기사들이 신문지면을 채웠다. 대표적으로, '경제 경계경보', '경제 다시 위기인가', '경제위기 재발우려', '또 위기국면, 경제가 급하다', '경제한파에 떠는 국민들', '제2의 경제위기' 등이 신문의 머리기사를 장식했던 것이다.

이것은 언어도단이었다. 2000년 초에는, 앞에서 언급한 것처럼, 언론은 "올해는 7%만 성장해도 괄목할만한 성과를 거뒀다고 평가할 수 있을 것이다."라고 보도했는데, 실제로는 2000년 성장률이 무려 8.8%에 이르렀기 때문이다. 따라서 김대중 정권이 2000년에도 성공적인 경제정책을 펼쳤다고 평가하는 것이 정당했다. 하지만 그들에게 양심은 없었다. 이 결과는 어찌됐을까?

경제란 국민과 기업이 믿는 대로 움직여간다. 국민과 기업이 경기가 하강할 것이라고 믿으면 실제로 경기하강이 나타나는 것이다. 실제로 2000년 말부터는 국내경기가 갑자기 하강으로 돌아섰고, 2001년에는 성장률이 뚝 떨어지고 말았다. 2001년의 성장률이 4.5%로 뚝 떨어졌던 원인에 대해 경제전문가들은 미국의 나스닥 시장 붕괴와 9·11 사태 등에 따른 세계적인 경기후퇴 등을 원인으로 꼽지만, 이것 역시 틀렸다. 우리나라의 경기후퇴가 미국의 경기후퇴보다 먼저 일어났기 때문이다. 뒤에 나타난 것이 원인으로 작용할 수는 없다.

사실, 노무현 정권 이래 정권이 여러 차례 바뀌었어도 경제난이 점점 심각해지기만 한 근본적은 원인은 김대중 정권의 뛰어난 경제업적에 대한 평가절하에 있다고 할 수 있다. 재삼 강조하거니와, 성공한 경제정책을 폐기하면 실패할 경제정책이 선택될 수밖에 없다. 성공의 길은 거의 유일하며 매우 좁고 험난한 반면에, 실패의 길은 사방에 널려 있으며 아주 넓고 편안하기 때문이다. 다시 말해, 성공한 김대중 정권의 경제정책이 폐기되었으니, 노무현 정권 이래로는 실패할 정책만 선택될 수밖에 없었던 것이다.

그런데 김대중 정권 이후, 경제난을 지속적으로 악화시킨 정권들은 모두 경상도 정권이라는 특성을 가지고 있다. 그리고 경상도에서는 박정희 정권의 경제정책이 오늘날의 경제번영을 이룩했다고 믿어지고 있다. 그러나 박정의 정권의 경제정책은 결코 성공적이지 못했다. 군사독재정권이 언론을 완벽하게 통제하여 경제정책이 성공한 것처럼 대중을 세뇌시켜놨을 뿐이다. 이것은 박정희 정권에서 외환위기만 무려 5차례나 발생했다는 사실이 여실히 증명한다. 즉, 1962년, 1968년, 1971년, 1974년, 1979년에 외환위기가 발행했던 것이다. 1982년의 외환위기도 1979년의 외환위기가 성공적으로 극복되지 못해서 재발한 것이므로, 이 책임 역시 박정희 정권에 있다고 볼 수 있다.

하지만 박정희 정권에서 위와 같이 외환위기가 여러 차례 발생했다는 사실은 아주 뛰어나다고 평가받는 경제학자들조차 거의 모르고 있다. 한국경제사에 관한 어떤 논문이나 책도 그 사실을 밝힌 것이 없다. 그만큼 박정희 정권의 경제정책 실패는 완벽하게 은폐되어 있다. 다만, 과거에 경제부총리를 지냈던 몇몇 사람의 자서전에는 그런 사실이 간혹 눈에 띈다. 즉, 자신들이 미국으로 건너가 은행가들과 협상하여 거액의 외환을 들여왔다고 자랑하는 대목이 나오는 것이다. 우리 정부의 고위관료가 미국의 상업은행들에 외환을 구걸한 것은 외환보유고가 고갈위기에 처한 경우가 아니면 일어날 수가 없는 일이었다.

더욱 중요한 점은, 여섯 차례의 외환위기가 모두 똑같은 원인에 의해 발생하고, 똑같은 전개과정을 겪었다는 사실이다. 즉, 재정팽창이 경기과열을 일으켰고, 이것이 수입을 급증시켜서 국제수지를 급격히 악화시켰으며, 이에 따라 외환보유고가 고갈 직전에 이르면서 무려 여섯 차례나 외환위기가 발생했던 것이다. 만약 외환위기가 발생했다는 사실이 한번이라도 제대로 알려졌더라면, 그리고 그 책임이 물어졌더라면, 그것들이 반복되는 일은 없었을 것이다.

김영삼 정권에서 1997년 말에 발생했던 외환위기도 과거의 외환위기가 완벽하게 은폐되었기 때문에 발생했다고 봐야 할 것이다. 과거의 외환위기와 똑같은 원인에 의해 발생하고, 똑같은 전개과정을 거쳤기 때문이다. 즉, 재정팽창 → 경기과열 → 수입 급증 → 국제수지 악화 → 외환보유고가 고갈 등의 과정을 거쳐 발생했던 것이다. 쉽게 말해, 경제정책이 실패하여 단군 이래 최대 난리라고 불렸던 환란이 터졌던 것이다.

불행하게도, 1997년의 외환위기를 발생시켰던 경제정책을 수립하고 집행했던 정책당국자는 어느 누구도 책임추궁을 당하거나 처벌을 받지 않았다. 그랬으니 정책실패는 최근에 이르도록 반복될 수밖에 없다. 이러니 정책실패를 어느 당국자가 두려워하겠는가? 그리고 무엇보다 중요한 사실은, 김영삼 정권역시 경상도 정권이었다는 것이다. 경상도에서는 박정희 정권이 뛰어난 경제업적을 남겼다고 철석같이 믿었기 때문에 이런 일이 줄기차게 발생했던 것이다.

아무리 부끄러운 일이라도 진실이 은폐되면 더 불행한 사태를 초래하는 것은 역사의 철칙이다. 앞에서 살펴본 것처럼, 외환위기는 평균적으로 5년을 주기로 반복하여 일어났고, 그때마다 국민은 혹독한 경제난을 겪었다. 더 심각한 사실은, 1997년 말의 외환위기도 항상 똑같은 원인으로 터졌다는 점이다. 즉, 경기를 살려내겠다는 재정확대정책이 경기과열을 일으켰고, 경기과열이 우리나라의 생산능력보다 더 많은 소비를 초래함으로써 수입의 급증을 불렀으며, 이것이 국제수지를 악화시키고 외채를 누적시켜 외환보유고를 고갈시켰던 것이다. 이런 바보 같은 짓을 반복하는 동물이 이 세상 어디에 있는가. 더욱 어이없는 일은 외환위기를 초래했던 경제정책을 주도적으로 수립하고 집행했던 일부 고위 경제관료가 마치 우리나라 경제를 살려낸 위인처럼 여전히 여겨지고 있다는 사실이다. 그러니 경제위기는 반복될 수밖에 더 있겠는가.

만약 우리나라가 외환위기를 겪지 않고, 경제성장을 지속했더라면 어떤 일이 벌어졌을까? 역사에서 가정을 한다는 것은 허망한 일이지만, 그래도 그런 상황을 가정한다면, 대한민국 경제는 이미 오래 전에 선진국 선두대열에 올라서지 않았을까? 지금쯤은 일본경제를 뛰어넘었을 가능성이 다분하다.

우리나라와는 다르게, 일본은 1953년 말에 터진 외환위기를 반성하고 교훈으로 삼아, 다시는 그런 사태가 터지지 않도록 조심함으로써 이미 1980년대에 선진국 선두대열에 올라섰다. 중국 역시 1993년 말에 외환보유고가 고갈될 위기에 처한 뒤부터 이것을 철저히 반성하고 가혹하게 심판하여 다시는 외환위기가 터지지 않도록 했으며, 20년 이상 초장기 경제호황을 만끽했다. 정책 실패에 대한 반성은 이처럼 중요하다.

하지만 우리의 현실은 그게 아니다. 역대 경상도 정권들이 실패했던 정책을 자꾸 반복했듯이, 지금도 크게 달라지지 않았다. 아니, 지금 상황은 훨씬 심각하다. 실제로 우리 경제는 이미 장기 저성장 궤도에 진입해있다. 앞에서 이미 밝힌 바처럼, 노무현 정권에서는 연평균 성장률이 세계 평균에도 미치지 못하는 성장률을 기록했고, 이명박 정권은 그보다 훨씬 낮은 3.3%에 불과했으며, 박근혜 정권에서는 3%에 겨우 턱걸이했고, 문재인 정권에서는 2.7%로 더욱 떨어졌다. 그러니 국민의 경제난이 얼마나 심각하겠는가.

이런 장기간의 경기부진은 정책실패의 결과임에도 불구하고 반성이나 비판의 목소리는 아직 어디에서도 들려오지 않고 있다. 책임을 묻는 일은 더더욱 한 번도 벌어지지 않았다. 이처럼 책임 추궁도 반성도 없었으니 정권이 몇 차례 바뀌었어도 실패할 수밖에 없는 정책들이 계속 추진되고 있는 것이다. 그래서 경기부진은 점점 고착화되고 장기화되었고, 과거보다 훨씬 심각한 경제위기를 잉태했다. 한마디로, 박정희 정권이 외환위기가 발생한 것을 은폐시킨 것은 우리나라 경제에 대한 중대한 범죄행위나 마찬가지였다.

박정희 정권의 경제정책 실패는 외환위기의 발생으로 국한되지 않았다. 다른 경제정책들도 대부분 실패했다고 하지 않을 수 없다. 특히 산업정책에서 그 실패가 두드러졌다. 예를 들어, 1960년대 중반에 가발산업을 적극 육성하겠다는 정책이 추진되자, 당시에 주요 수출산업이었던 가발산업은 금방 도산지경에 처하고 말았다. 공급과잉이 수출가격의 폭락을 초래했고, 이에 따라 가발기업들이 거의 모두 도산지경에 이른 것이다. 그래서 유태인들은 '우리가 수백 년을 벌어먹었던 가발산업을 한국은 불과 10여 년 만에 초토화시켰다.'고 비아냥거리기도 했다.

산업정책의 실패는 가발산업의 초토화로 끝나지 않았다. 1960년대 후반에는 이자가 싼 외국의 차관을 들여와 성장산업을 육성하겠다며 소위 '차관기업'을 다수 설립했으나, 불과 2~3년 안에 거의 모두 도산지경에 처했다. 결국 외국 차관을 상환할 수가 없게 됨으로써 외환위기가 터지고 말았다.

1970년대 초반에 합판산업과 섬유산업을 적극 육성하겠다며 추진했던 정책도 마찬가지였다. 당시 재벌급이었던 그 산업의 대기업들이 줄줄이 도산하면서 심각한 경제위기가 발생했던 것이다. 1970년대 초반의 경제난은 1차 석유파동 때문에 발생한 것으로 알려져 있지만, 이것은 틀렸다. 석유파동이 터지기 이전에 국내경기는 이미 빠르게 하강하고 있었기 때문이다.

가장 심각한 산업정책의 실패는 1970년대 중반 이후에 정부재정을 대대적으로 동원하여 추진했던 중화학공업의 육성정책이었다. 정부가 주도하여 대대적으로 육성했던 중화학공업의 대기업들은 불과 2~3년 만에 경영수지가 극단적으로 악화되어 거의 모두 도산 위기에 처했던 것이다. 그래서 이자를 감면해준 것은 물론이고 종자돈까지 지원하며 현대, 삼성, 대우 등의 재벌들에게 억지로 떠안겨야 했다. 결국은 이런 정책이 우리 경제의 최대 난제 중 하나인 경제력 집중을 초래하고 말았다. 재벌들이 인수를 거부했던 기업들은 통폐합하여 한국중공업(지금의 두산중공업)을 설립했고, 이 국영기업에 매년 재정지원을 해줘야했다.

그밖에 1970년대 말에 해외건설업과 해운산업 등의 적극적인 육성을 외쳤던 정책도 해당 산업과 대기업들의 파탄을 초래한 것은 물론이고 국가경제까지 중대한 위기에 처하도록 했다. 위와 같이 거의 모든 산업정책이 실패했던 것은 갑작스런 공급과잉과 그에 따른 경영수지 악화로 인해 빚어졌다. 이런 산업정책의 실패들도 철저히 은폐되었고, 실패는 거듭거듭 반복되기만 했다.

사실 수출 지상주의 정치구호인 '수출 입국'을 맨 처음 내세운 것은 박정희 정권이 아니라 장면 정권이었다. 장면 정권이 '경제 제일주의'를 앞세워 성장잠재력과 국제경쟁력을 탄탄히 다졌던 것이 훗날 수출 급증이라는 위대한 성과로 나타났다. 박정희 정권은 수출이 급증하면서 경제가 본격적으로 도약하기 시작한 뒤에야, 그리고 경기가 호전됨에 따라 민심이 호전된 다음에야 수출이 정치적으로 얼마나 중요한 역할을 하는가를 뒤늦게 깨달았으며, 장면 정권처럼 수출 지상주의와 경제 제일주의를 내세우기 시작했다. 그뿐만 아니라, 우리 경제가 본격적으로 도약을 시작한 것은 1957년부터였다. 이런 사실을 당시의 경제통계만 살펴보더라도 쉽게 알아낼 수 있는데, 어느 누구도 이 문제를 제기하지 않았다. 그래서 우리 국민은 위와 같은 사실들을 까마득히 모르고 있다.

물론 박정희 정권 시절에는 위와 같은 반복적인 정책실패에도 불구하고 우리 경제가 고도성장을 지속한 것은 사실이다. 그래서 세계적으로 '한강의 기적'이라는 칭송을 들은 것도 사실이다. 그러나 이것은 박정희 정권의 경제업적이라고 평가할 수가 없다.

위에 언급한 바와 같은 경제정책의 참혹한 실패를 거듭했기 때문이다. 따라서 박정희 때문이 아니라, 박정희였음에도 불구하고 우리 경제가 고도성장을 했다고 평가하는 것이 정당하다고 해야할 것이다.

위와 같은 평가를 경상도에서는 어떻게 받아들일까? 박정희 정권의 경제정책이 실패했다는 위와 같은 사실들을 과연 용납할 수나 있을까? 아마도 기대하기가 어려울 것이다. 박정희 정권이 위대한 경제업적을 남겼다는 믿음은 거의 종교적인 수준에 이르렀기 때문이다. 그렇다면 앞으로 어떤 경상도 정권이 새롭게 들어서더라도 경제정책의 실패는 반복될 것이 뻔하다. 실제로 김영삼 정권, 노무현 정권, 이명박 정권, 박근혜 정권, 문재인 정권 등등의 경상도 정권은 하나같이 박정희 정권과 거의 비슷한 경제정책을 펼침으로써 심각한 경제위기를 초래했거나 경제난을 지속적으로 심화시켰지 않은가 말이다. 그리고 이런 경상도 정권들은 모두 가짜 보수와 가짜 진보가 지배했지 않은가 말이다.

따라서 결론은 하나이다. 충청도에서도 대통령이 나타나야하고, 강원도에서도, 전라도에서도 그리고 수도권에서도 대통령이 나와야한다. 그래야 비로소 실패할 것이 뻔한 경제정책들에서 벗어날 수가 있을 것이다. 그보다 먼저, 정치세력이 가짜 보수와 가짜 진보에서 벗어나야 한다. 진짜 진보와 진짜 보수로 정치권이 새롭게 개편되어야 한다는 것이다. 설령 경상도가 아닌 지역의 정권이 탄생하더라도 가짜 보수와 가짜 진보가 정치권을 지배하면, 우리 민족과 나라의 미래는 앞으로도 더욱 어두워질 수밖에 없을 것이다. 가짜들은 결코 유능해질 수가 없기 때문이다. 가짜들은 국가와 민족의 미래 그리고 우리 경제의 미래가 아니라, 오직 국민들의 말초적 감성을 자극하여 인기를 끄는 일에나 매달릴 것이 뻔하기 때문이다.

3

부

우리 경제를
어떻게 살릴 것인가

1

이미 실패한 정책들을
폐기처분하는 것이 우선이다

이명박 정권과 박근혜 정권과 문재인 정권 등이 내세웠던 경제비전은 각각 서로 다르다. 이명박 정권은 소위 '747' 즉, 연평균 7% 성장, 국민소득 4만 달러, 세계 7대 경제대국 등을 내세웠다. 박근혜 정권은 과학기술투자에 대한 재정투자를 확대하여 '창조경제'를 통해 우리 경제를 기필코 살려내겠다고 약속했다. 문재인 정부는 '소득 주도 성장'을 내세워 국민의 삶을 질적으로 향상시키겠다고 공약했다.

그런데 위와 같은 정책목표들을 달성하기 위한 구체적인 정책수단은 각각의 정권이 모두 비슷하다. 재정지출을 확대하며, 이자율을 낮추고 통화 공급을 늘리며, 높은 환율을 유지하여 수출을 증대시키는 등의 정책들을 위의 모든 정권들이 똑같이 추진했던 것이다. 그렇다면 그 결과는 똑같을 수밖에 없다. 실제로 성장률은 정권이 바뀌어도 계속 떨어지기만 했다. 위와 같은 정책들은 왜 우리나라 경제의 성장률을 낮추기만 했을까?

당연히 원인과 결과도 구분하지 못했고, 목적과 수단도 구분하지 못했기 때문이다. 경제난이 심각해졌다면 그 원인이 무엇인가를 먼저 밝혀서, 그 원인에 직접 정책처방을 했어야했다. 예를 들어, 노무현 정권에서 연평균 성장률이 이전의 8.0%에서 4.7%로 뚝 떨어졌다면, 그 원인이었던 가계신용을 억제했던 정책을 우선적으로 폐기하는 정책을 펼쳤어야했던 것이다. 그러나 이명박 정권은 경제난이라는 결과에만 정책처방을 했다.

이처럼 원인이 아니라 결과에 처방을 하면 어떤 일이 벌어질까? 병리학이 이미 증명했듯이, 결과에만 처방을 하면 급성 질환을 만성 질환으로 변질시킴으로써 그 치유를 더욱 오래 걸리게 만드는 것은 물론이고 더욱 어렵게 만들기까지 한다. 이명박 정권의 연평균 성장률이 이전 정권의 4.7%에서 3.3%로 떨어진 것도 마찬가지였다. 가계신용을 억제했던 정책을 그만두었더라면 금방 성장률이 최소 6% 수준으로 회복될 수 있었을 텐데, 오히려 성장률이 뚝 떨어지면서 경기부진이 심화됨으로써 새로운 종합적인 처방이 필요해졌던 것이다.

이명박 정권 이후의 다른 정권들도 크게 다르지 않았다. 경제난의 원인을 찾아서 그곳에 직접 정책처방을 해야 했으나, 결과에만 정책처방을 함으로써 우리나라의 경제난을 만성화시키고 말았다. 이명박 정권이 집행했던 재정지출 확대, 이자율 인하, 통화 공급의 확대, 고환율 정책 등이 노무현 정권 시절보다 더 심각한 경제난을 초래했다면, 이런 정책을 폐기하는 것이 무엇보다 급선무였던 것이다.

실제로 재정지출 확대는 국가경제의 평균적인 생산성을 떨어뜨림으로써 성장률을 낮추고, 이자율 인하는 국내 자본이 이자율이 비싼 해외로 유출되도록 함으로써 국내 투자와 고용을 위축시키고, 통화 공급의 확대는 이자율의 하락을 초래했으며, 고환율 정책은 기업들의 품질 향상과 신제품 개발을 방해한 것은 물론이고 경상수지 흑자를 해외로 유출시킴으로써 국내수요를 부진하게 하는 결과를 빚었다. 이에 대한 자세한 내용은 이미 앞에서 충분히 거론했다.

무엇보다, 경기회복이라는 정책목표를 달성하기 위해서는 효율적인 정책수단을 먼저 강구해야 했으나, 오히려 정책목표를 수단화하는 어리석은 짓을 저지르고 말았다. 거듭 비유하자면, 돈을 잘 쓰는 목적을 위해서는 돈을 잘 버는 수단을 먼저 강구해야 했으나, 돈을 잘 쓰는 목적을 수단으로 삼음으로써 파산을 자초한 꼴이었다.

예를 들어, 이명박 정권은 수출을 증가시켜야 경기가 회복되고, 환율을 인상시켜야 수출이 증가한다고 믿었다. 그래서 환율 인상을 경기회복의 정책수단으로 삼았다. 그러나 환율 인상은 수출 증대의 수단이 될 수가 없다. 환율 인상은 앞에서도 밝힌 바처럼 기업의 신제품 개발과 품질 향상의 노력을 저해하기 때문이다. 수출 증대라는 목적을 위해서는 국제경쟁력 향상이라는 근본적인 수단이 필요하다. 그럼 국제경쟁력 향상은 어떻게 이룩할 수 있을까? 이 문제는 잠시 뒤로 미뤄두기로 하자. 우리 경제를 살려낼 정책들을 종합적으로 그리고 본격적으로 검토해야하기 때문이다.

재정지출 확대, 이자율 인하, 통화 공급의 확대 등의 정책들도 모두 마찬가지이다. 이것들은 경제성장률을 높일 수단이 될 수가 없다. 재정지출 확대는 국가경제의 평균생산성을 떨어뜨리고, 이자율 인하는 국내 자본의 해외 유출을 촉진하며, 통화 공급의 확대는 이자율 하락을 초래하기 때문이다. 따라서 경제성장률을 회복시키겠다는 목표는 다른 효과적인 정책수단들을 새롭게 강구해야 비로소 달성될 수가 있다.

그런데 우리 경제를 회생시킬 효과적인 수단은 의외로 쉽게 찾아질 수가 있다. 세계사에는 경제를 살려내는 데에 성공했던 사례들이 제법 많기 때문이다. 이런 성공했던 사례들을 참고하여 우리 실정에 맞는 경제정책을 개발하면, 우리나라의 경제성장률을 최소 6%까지는 끌어올릴 수가 있을 것이다. 지금부터는 이 문제를 본격적으로 다뤄보고자 한다. 그 이전에 살펴볼 과제가 하나 더 있다. 그것은 정부가 주도하여 과학기술 투자를 확대하면

과연 경제를 살려낼 수 있는가에 대한 의문이다. 이 문제부터 해
결한 다음에, 우리나라 경제를 회생시키는 데에 꼭 참고해야 할
사례들도 곧이어 살펴볼 것이다.

2

과학기술 투자가 경제를 살린다?

국내 경제전문가들은 흔히 과학기술 투자가 경제성장을 이끈 다고 말한다. 그래서 경제성장을 위해서는 과학기술 투자에 더 많은 정부자원을 투입해야 한다고 주장하기도 한다. 이게 과연 사실일까? 아니다. 과학기술 투자는 경제성장의 선행변수가 아 니라 후행변수일 따름이다. 과학기술이 경제성장을 이끌기 위해 서는 투자가 이뤄져야 하고, 투자는 경제가 호조일 때에 이뤄지 는 것이 보통이기 때문이다. 다시 말해, 경기호조가 지속되지 않 는 한, 과학기술이 실질적인 투자로 이어지기는 어려운 것이다. 따라서 경기호조가 과학기술 투자의 선행조건인 셈이다. 만약 경 기가 부진할 때에 기업이 과학기술 투자를 늘리면 오히려 경영수 지를 악화시키고 만다. 최악의 경우에는 부도사태를 일으킴으로 써 국가경제의 경제난을 더욱 심각하게 할 따름이다.

만약 정부가 재정투입을 대폭 증가시키는 등 과학기술 투자를 주도하면 경제가 살아날 수도 있지 않을까? 혹시 정부가 주도하여 과학기술 투자를 확대하면 이것이 성장동력의 역할을 함으로써 경제가 살아날 수 있지는 않을까? 전혀 아니다. 정부가 주도했던 과학기술 투자는 대부분 실패했다는 것이 세계 경제학계의 실증적인 연구이다. 그런 대표적인 저작 중 하나는 마이클 포터와 두 일본인 경제학자들이 함께 저술한 [Can Japan Compete?]이다. 이 책에서 저자들은 정부 주도의 연구개발 프로젝트는 선진국에서도 대부분 실패했다는 점을 명백히 밝히고 있는 것이다.[6]

이것은 국내에서도 마찬가지였다. 실제로 우리 경제를 살려낼 동력으로서 이명박 정권은 녹색성장을 내세웠고, 박근혜 정권은 창조경제를 내세웠다. 그러나 매년 수십조 원을 투입하고도 성장률은 지속적으로 떨어졌고, 경제난은 점점 심각해지기만 했다. 정부가 주도하는 과학기술 투자는 실패한다는 역사적 사실을 우리나라 경제도 여실히 입증한 셈이다.

문재인 정권도 예외가 아니다. '혁신성장'을 내세워 대통령 직속의 '4차산업혁명추진위원회'까지 설립하여 재정지출을 대대적

---

6) Can Japan Compete, pp. 39~44, Michael E. Porter, Hirotaka Takeuchi & Mariko Sakakibara, Perseus Publishing, 2000

으로 투입했으나, 경기부진은 더욱 심각해지기만 했다. 그 이유가 무엇일까? 4차 산업혁명은 우리 경제의 미래를 밝혀줄 것이라고 선전했지 않은가? 그런데 왜 문재인 정권에서도 경제성장률은 계속 낮아지기만 했을까?

무엇보다도 '4차 산업혁명'이라는 용어부터가 적절치 못하다. 이 용어는 세계경제포럼(다보스포럼)에서 명명했다. 즉, 18세기 후반의 섬유산업 혁명을 1차로, 20세기 초의 전기산업 혁명을 2차로, 1980년대 이래의 정보통신산업 혁명을 3차로, 최근의 AI와 3D프린팅 등의 산업혁명을 4차로 분류했던 것이다. 그러나 이것은 경제학계의 정설이 아니다. 산업혁명이라는 용어를 붙이기 위해서는 산업생산성이 최소 10배는 향상되어야 하기 때문이다. 그래서 20세기를 전후한 운하와 철도의 건설 그리고 기차와 자동차와 비행기의 등장에 따른 수송혁명이 산업혁명으로 불리지 못하고 있다.

물론 전기산업 혁명은 중요한 변혁을 일으켰다. 전기불이 밤을 밝힘으로써 야간에도 생산활동이 가능해졌고, 전기모터는 동력이 필요한 곳이면 어디에나 설치할 수 있게 됨으로써 생산시설을 과거의 큰 강 주변에서 벗어나 노동력이 풍부한 도시에 건설할 수 있게 했다. 설령 그렇더라도 전기는 산업의 생산성을 다른 산업혁명처럼 획기적으로 증가시키지는 못했다.

그래서 경제학계에서는 미래학자인 앨빈 토플러가 분류한 산업혁명을 정설로 받아들이고 있다. 즉, 농업혁명을 1차로, 섬유산업 중심의 18세기 중반의 산업혁명을 2차로, 반도체와 컴퓨터와 인터넷 등이 초래한 정보통신혁명을 3차로 분류하는 것이 정설이라는 것이다. 실제로 2차 산업혁명의 경우에는 섬유사의 생산은 30배 이상 그리고 섬유직물의 생산은 20배 이상의 생산성을 향상시켰다. 1차 산업혁명인 농업혁명의 경우에는 식량생산의 생산성을 크게 향상시킨 것은 물론이고, 인간의 정착생활을 가능하게하고 사회체제의 근본적인 변혁을 초래하기도 했다. 그리고 정보통신산업에 벌어진 3차 산업혁명이 얼마나 크게 생산성을 증가시켰는지는 자세히 언급할 필요조차 없을 것이다.

결론적으로 4차 산업혁명이라는 용어는 적절치 못하다. 다른 산업혁명처럼 열배 이상의 생산성 효과를 유발하지 못하고 있고, 앞으로도 마찬가지일 것이기 때문이다. 사실, 세계경제포럼에는 주류 경제학자들이 거의 참여하지 않고 있다. 비주류 경제학자들 특히, 마르크스경제학에 경도된 진보적인 경제학자들이 주로 참여하고 있다. 한마디로, 4차 산업혁명이란 용어는 경제학계의 정설이 아니라는 것이다.

더욱 심각한 점은 국가경제가 4차 산업혁명에 매달리면 매달릴수록 경제난은 점점 더 심각해질 것이 뻔하다는 사실이다. 앞에서도 언급한 것처럼, 문재인 정부가 4차산업혁명추진위원회까지 설립하며 소위 '4차 산업혁명'에 속하는 산업들에 대해 대대적인 재정지원을 쏟아 붙고 있지만, 경제난은 점점 더 심각해지고 있다. 그뿐만 아니라, 편향적인 정부 지원으로 인해 전반적인 과학기술의 발달에도 부정적인 영향을 끼치고 있다.

현실적으로 4차 산업혁명이라고 불리는 각 분야들은 허상에 불과하다. 우선, 인공지능 즉, AI는 1980년대 후반에 등장한 이후에 장기간 정체했다. 알파고가 프로기사에 승리하면서 최근에 새삼스럽게 각광받기 시작했지만, 바둑은 비록 그 경우의 수는 엄청나게 많지만, '집을 많이 짓는 경우에 승리한다.'라는 아주 단순한 규칙이 지배한다. 그래서 AI는 규칙이 비교적 단순한 바둑과 같은 게임에서 위력을 발휘했을 뿐이다. 바둑이 경우의 수가 많다는 것은 컴퓨터의 활용에 가장 적합하기도 하다.

간단히 말해, AI는 인간이 이미 이룩한 업적을 기계적으로 학습하는 것이다. 따라서 인간이 그 원리를 규명하지 못한 분야에서는 그다지 쓸모가 없다. 특히 각종 위험의 예측에 관해서는 인간이 아직 어떤 일반적인 원리도 구축하지 못했다. 실제로 프로기사를 이겼던 AI인 알파고를 금융시장에 투입했으나, 뚜렷한 성과를 아직 보여주지 못했다. 금융위기는 물론이고 금융시장의 작동원리에 대해서는 경제학계가 그 일반원리를 아직 밝혀내지 못했기 때문이다. 그밖에 AI 기반의 자율주행 자동차의 실용화도 해결해야 할 난제들이 아직 수두룩하다. 특히 교통사고 위험에 대한 일반원리가 밝혀져 있지 않으므로, 돌발적인 교통사고를 피해갈 수준에는 아직 한참 미치지 못하고 있다.

위와 같이 AI가 경제현실에서는 뚜렷한 한계를 보이는 이유가 무엇일까? AI는 과거의 실적을 기계적으로 학습하는 것인데, 인간의 경제활동은 미래를 위한 것이고 그 결과도 미래에 나타나기 때문이다. 즉, 미래에 나타날 활동의 결과나 새로운 현상은 과거의 실적을 벗어나는 경우가 제법 많은 것이 현실이므로, 과거의 실적을 기계적으로 학습한 AI로서는 한계를 보일 수밖에 없다는 것이다.

다음으로, 빅데이터는 다방면에서 활용되고 있으나, 그 현실적인 이익은 그다지 크지 않다. 오히려 현상을 왜곡함으로써 큰 손실을 끼치는 경우가 가끔 발생하기도 한다. 빅데이터를 이용한 마케팅 등이 특수한 경우를 제외하고는 큰 성과를 거두지 못하고 있는 것은 그 한계를 여실히 보여준다. 이런 한계를 보이는 근본적인 이유는 빅데이터가 AI와 마찬가지로 과거의 실적을 수집한 것이어서 미래에 나타날 현상에는 적용하기가 어렵다는 데에 있다.

셋째, 블록체인은 암호화 기술을 온라인에 구현한 것에 불과하다. 그리고 암호화 기술은 세계대전 중에 거의 모두 개발되었다. 온라인에 대한 약간의 지식과 개발기술만 연마하면 누구나 블록체인을 개발할 수 있다. 따라서 경제성장의 효과는 기대할 것이 거의 없다. 현실적으로 비트코인으로 대표되는 가상화폐는 국내 투자자에게 엄청난 손실을 안겨주었다. 가상화폐는 누구나 쉽게 개발하여 유통시킬 수 있으므로, 그 희소성이 아주 낮기 때문이다. 비트코인이 한때 성공했던 것은 블록체인에 대한 과도한 기대가 낳은 기형물에 불과하다. 실제로 선점효과를 거두었을 뿐이며, 점차 그 세력을 잃어가고 있다.

넷째, 3D프린팅이 모든 기계나 도구 등을 대체할 것으로 선전되었으나, 현실에서는 이게 쉽게 부정당하고 있다. 만약 3D가 모든 기계를 대체할 수 있다면, 단조와 열처리 등의 과정은 불필요해질 것이다. 그러나 단조와 열처리 등은 각종 기계와 기자재의 강도와 내구성을 강화하는 데 필수적이다. 그리고 3D프린팅에 소요되는 모든 재료가 분말이나 액체로 전환될 수도 없다.

다섯째, 드론은 기껏해야 값싼 공중 촬영과 소규모 농약살포 등에나 유용할 뿐이다. 드론의 무기화가 강조되지만, 이미 무인비행기의 무기화가 진행되었다. 비록 드론의 무기화가 값싸기는 하지만, 그 파괴력은 무인비행기를 따라갈 수가 없다. 그밖에 사물인터넷 등은 신제품 개발과 판매에 어느 정도는 유용하나, 전반적인 실용성은 아직 요원하다. 로봇공학이나 생명공학은 오래 전부터 발전해왔으므로 4차 산업혁명에 억지로 끼워 넣은 것에 불과하다. 그리고 모바일의 경우는 정보통신 혁명의 일부일 뿐이다.

세상에서 소중한 것은 모두 피땀을 흘려야 얻을 수 있다. 경제성장도 마찬가지이다. 4차 산업혁명처럼 언뜻 듣기에 그럴 듯

한 것들을 앞세우는 말잔치로는 결코 경제를 성장시킬 수가 없다. 어느 분야에서든 정부의 손쉬운 재정투자로는 국가경제의 성장을 이끌 수가 없다. 오히려 국민 혈세만 낭비할 따름이다. 그럼 어떤 경제정책을 펼쳐야 우리 경제를 살려낼 수 있을까? 당연히 정부와 기업과 국민이 함께 피땀을 흘려야 비로소 경제를 살려낼 수 있다. 지금부터는 그런 세계사의 사례들을 살펴보도록 하자.

3

어떤 경제정책이
국가경제의 실적을 좌우하는가

1990년대에는 서유럽 국가들 사이에서 경제정책이 서로 큰 차이를 보였다. 경제성적 역시 이에 따라 큰 차이를 보였다. 2008년의 세계 금융위기 직전까지 선진국 중에서 상대적으로 번영한 주요 나라들로는 아일랜드, 네덜란드, 영국, 미국 등을 들 수 있다. 이 나라들의 경제는 1990년대에 비교적 장기간 호조를 구가했다. 반면에, 상대적으로 정체한 나라로는 독일, 프랑스, 이탈리아, 일본 등을 들 수 있다. 이 나라들은 1990년대 초부터 장기간 경기부진에 시달렸고 실업률도 비교적 높은 수준을 기록하는 등 심각한 경제난을 겪었다. 2000년대에 들어선 뒤에는 이런 나라들의 경제정책도 근본적으로 변하면서 2008년의 세계 금융위기 직전까지 과거보다 더 높은 성장률을 구가했다.

위와 같이 경제가 정체한 나라들에서 경제정책이 변하기 이전인 1992년부터 2001년까지의 10년 동안에 각국의 국내총생산이 증가한 배수를 경상가격 기준으로 살펴보면, 아일랜드는 약 2.9배 증가했고, 네덜란드와 영국과 미국 등은 약 1.6배 증가한 반면에, 독일과 프랑스는 약 1.3배, 일본은 겨우 1.1배 증가했다. 달러 기준으로 환산하면 그 격차가 더 커져 독일 프랑스 이탈리아 등은 오히려 감소한 것으로 나타났다. 그중에서도 이탈리아는 자국 화폐로 1.6배 증가했지만, 달러 가치로는 12%나 감소했다. 이 나라들은 성장잠재력과 국제경쟁력이 상대적으로 그만큼 떨어졌던 셈이다.

1992~2001년 주요국의 국내총생산(경상가격) 증가배수

구분	아일랜드	네덜란드	영국	미국	독일	프랑스	이탈리아	일본
증가배수 (달러기준)	2.88 (1.93)	1.59 (1.13)	1.62 (1.33)	1.62 (1.62)	1.28 (0.92)	1.35 (0.97)	1.55 (0.88)	1.05 (1.09)

자료 : 국제통계연감 2004년, 통계청

각국의 경제성적 격차는 실업률의 변동에서 더 뚜렷이 나타났다. 아래 표에서 보듯이, 아일랜드 실업률은 1992년 15.1%에서 2002년 4.2%로 떨어졌고, 영국은 1992년 9.7%에서 2002년에 3.1%로 떨어지는 등 10년 전과 비교하여 1/3 수준에 불과했다. 네덜란드도 5.3%에서 2.3%로 절반 이하로 떨어졌고, 미국 역시 7.5%에서 5.8%로 떨어졌다. 반면에, 독일은 7.9%에서 9.8%로

올랐고, 일본은 2.2%에서 5.4%로 두 배 이상 상승했다. 프랑스는 10.0%에서 9.0%로 그리고 이탈리아는 11.4%에서 9.0%로 떨어졌지만, 여전히 아주 높은 수준을 유지했다.

1992년과 2002년의 실업률(%) 추이

구분	아일랜드	네덜란드	영국	미국	독일	프랑스	이탈리아	일본
1992	15.1	5.3	9.7	7.5	7.9	10.0	11.4	2.2
2002	4.2	2.3	3.1	5.8	9.8	9.0	9.0	5.4

자료 : 국제통계연감 2004년, 통계청

그 중에서도 괄목할만한 성과를 낸 나라는 아일랜드인데, 이 사례는 이미 앞에서 살펴봤다. 네덜란드와 영국도 1980년대 초반까지는 '영국 병'과 '네덜란드 병'에 걸렸다는 평가를 받았을 정도로 오랫동안 경제난을 겪었으며, 미국 경제 역시 일본과 독일에 비해 상대적으로 뒤처졌지만, 1990년대 이후에는 상황이 역전되었다. 1970년대 이후부터 1980년대 초반까지 장기간 경제난을 겪었던 호주는 경제정책이 근본적으로 변한 뒤인 1980년대 중반부터 장기간 경제번영을 누렸다. 뉴질랜드 역시 1990년대 중반 이후에는 경제가 비교적 호조를 보였다. 호주와 뉴질랜드의 사례는 곧이어 자세히 살펴볼 것이다.

왜 이런 일이 벌어졌을까? 당연히 각국이 어떤 경제정책을 펼쳤는지가 경제상황을 반전시켰다. 다른 변수는 크게 달라진 것이 없으므로 경제정책을 제외하고는 뚜렷한 다른 이유나 다른 공통점을 발견하기가 어렵다. 그럼 어떤 경제정책이 성공과 실패를 갈랐을까? 1990년대 이후에 상대적으로 번영하는 나라들은 성장을 우선시하여 신자유주의 정책을 선택한 공통점을 보였다. 프랑스와 독일 등도 1990년대 후반부터 이 정책을 채택함으로써 2008년의 세계 금융위기 직전까지 경제가 다소 호전되었다.

그럼 신자유주의 경제정책이란 무엇일까? 개방화와 민영화와 규제완화 등으로 대표되는 민간부문의 확장과 시장기능의 활성화 그리고 작은 정부의 실현 등이 그 정책의 골자를 이룬다. 특히 주목할 점은, 신자유주의 경제정책의 결과로 경제가 호조를 보이고 이에 따라 세수가 크게 늘어났음에도 불구하고 재정지출의 증가를 억제한 것이 경제번영을 이룩하는 데에 중요한 역할을 했다는 사실이다. 설령 재정지출 억제가 경제번영을 부른 결정적인 변수는 아니라하더라도 경제번영을 뒷받침한 것은 틀림없다.

이 점은 각국의 조세부담률이 1990년에서 1999년까지 변동한 추이를 보면 확연히 드러난다. 번영하는 나라들은 대체적으로 조세부담률이 줄었거나 적게 증가한 반면에, 경제가 부진한 나라들은 상대적으로 더 크게 증가했다는 공통점을 보였다. 아래 표에서 보듯이 아일랜드와 네덜란드는 조세부담률이 오히려 줄었고, 영국과 미국은 거의 증가하지 않았거나 약간 늘었지만, 독일 프랑스 이탈리아 등은 비교적 크게 증가했다. 일본의 경우는 조세

부담률은 줄었어도, 세입부족을 국채발행으로 충당했고 이에 따라 국가부채가 눈덩이처럼 커져 국가경제에 큰 부담으로 작용하여 심각한 어려움을 겪고 있다.

1990년과 1999년의 조세부담률(%) 추이

구분	아일랜드	네덜란드	영국	미국	독일	프랑스	이탈리아	일본
1990	33.5	42.8	35.9	26.7	32.6	43.0	38.9	30.7
1999	32.3	42.1	36.3	28.9	37.7	45.8	43.3	26.2

자료 : 국제통계연감 2001년, 통계청

이처럼 재정지출이 경제성장에 중요한 영향을 끼치는 이유는 무엇일까? 앞에서 이미 충분히 거론한 바처럼, 정부부문은 그 안정성 때문에 상대적으로 유리한 자원과 자금 그리고 유능한 인재를 거의 모두 쓸어가는 경향이 있기 때문이다. 국가경제의 가용 자원은 유한하므로, 민간부문은 덜 유리한 자금과 덜 유능한 인재로 국제경쟁에 나서야하는 신세가 되는 것이다. 그뿐만 아니라 재정지출은 생산성이 낮은 분야에 주로 투입되므로 국가경제 전체의 생산성을 떨어뜨린다. 그래서 정부부문이 커지면 커질수록 성장잠재력과 국제경쟁력은 악화되곤 한다. 이런 사실은 앞에서 이미 충분히 살펴본 것처럼 다른 나라의 사례와 우리나라의 역사적 사례에 의해 충분히 증명되었다.

재정지출 확대가 국가경제에 부정적인 영향을 끼치는 단적인 사례를 하나 더 살펴보자. 세계금융위기가 본격적으로 진행 중이던 2008년 11월에 G20 정상회의가 열렸는데, 소속 국가들이 함께 재정지출을 확대하여 세계경기를 회복시키기로 결의했다. 그동안에는 G7회의 또는 G10회의에서 세계경제의 현안문제를 논의하고 그 대응방안을 결정했는데, 왜 그때는 G20회의로 확대했을까? 경제대국 7개국 혹은 10개국만으로는 한계가 있다는 점을 새롭게 인식했기 때문일 것이다. 그래서 신흥국을 포함한 20개국 정상이 모여 위와 같은 공동 대응을 결의했을 것이다. 그 이유는 또 무엇일까? 어느 한 나라에서 재정지출을 확대하면, 그 나라의 성장잠재력과 국제경쟁력이 떨어짐으로써 수입을 급증시켜 국제수지를 악화시키고, 다른 나라들만 그 혜택을 입기 때문이다.

불행하게도 국내에서는 신자유주의가 마치 악의 축인 것처럼 알려져 있다. 특히 진보적인 지식인 사회에서는 더욱 그렇다. 신자유주의 정책 즉, 개방화와 민영화와 규제완화 등이 기득권자에게는 일시적인 고통을 안겨주기 때문에 그런 세태가 나타났을 것이다. 그러나 위에서 살펴본 것처럼 신자유주의 경제정책을 펼쳤던 나라들은 하나 같이 경제난을 성공적으로 극복하고 경제번영을 누렸던 데 비해, 신자유주의 정책을 배척했던 나라들은 장기간 경제난을 겪었다. 위의 국가들만 그런 것이 아니다. 다른 사례들도 헤아리기 어려울 정도로 많다. 대표적으로, 사회주의 국가인 중국은 개혁개방 이후 장기간 경제번영을 누리고 있는데, 개혁개방은 바로 신자유주의 경제정책이다. 베트남 역시 신자유주의 경제정책을 펼친 이래 지금까지 경제번영을 지속하고 있다.

　사실, 신자유주의 정책을 배척하자는 것은 기득권을 보호하자는 것에 다름 아니다. 개방화를 반대하는 것은 해외기업으로부터 국내의 대기업을 보호하고 그 귀족 노동자들의 기득권을 보호하자는 것과 하나도 다르지 않다. 민영화를 반대하는 것은 공기업과 그 귀족 노동자들의 기득권을 보호하자는 것이나 마찬가지이다. 그리고 규제완화를 반대하는 것은 규제의 보호 속에 안주하고 있는 기존 대기업들과 그 귀족 노동자들의 기득권을 보호하자는 것에 불과하다.

4

타산지석 :
호주와 뉴질랜드의 1990년대 경제정책

앞에서 살펴본 것처럼, 세계 경제사를 둘러보면 경제정책은 나라에 따라 혹은 시대에 따라 성공하기도 했고 실패하기도 했다. 어떤 경제정책은 파국적인 경제난을 초래했고, 다른 어떤 경제정책은 위기를 성공적으로 극복하여 다시 경제번영을 이룩했다. 무슨 경제정책을 수립하고 어떻게 집행할 것인가는 그만큼 중요하다. 심지어 엇비슷한 경제정책을 펼쳤음에도 그 결과가 판이하게 나타난 경우까지 있다. 그런 대표적인 사례로는 1980년대 중반부터 1990년대까지의 호주와 뉴질랜드를 들 수 있다. 지금부터는 그 내용을 살펴보도록 하자.

2013년 말을 기준으로, 호주의 1인당 국민소득은 약 6만8천 달러였고, 뉴질랜드는 약 4만3천 달러였다. 호주의 국민소득은 뉴질랜드보다 1.4배나 많았던 셈이다. 2017년 말을 기준으로 하면, 통화가치의 하락으로 인해 호주의 국민소득은 5만4천 달러로 인해 오히려 줄었다. 이때의 뉴질랜드 국민소득은 변함없이 4만3천 달러였다. 1970년대 초까지는 뉴질랜드 국민소득이 호주보다 훨씬 컸는데, 그리고 1980년대 중반까지도 서로 엇비슷했는데, 어쩌다 이런 큰 격차가 나타났을까? 성장률의 격차가 본격적으로 벌어지기 시작한 때부터 두 나라의 경제정책이 어떤 차이를 보였는지 살펴보자.

성장률만 따지면, 1980년대 초에는 뉴질랜드의 경제성적이 호주보다 월등히 좋았다. 호주의 성장률은 1982년의 −0.6%에 이어 1983년에도 1.0%를 기록한 반면에 뉴질랜드는 같은 시기에 각각 2.3%와 5.8%를 기록했던 것이다. 하지만 뉴질랜드는 1985년에 −0.2%의 성장률을 기록하며 경기후퇴를 겪었고, 1986년에는 성장률이 상승하여 경기회복에 성공한 듯 했으나 1987년부터는 다시 심각한 경기부진의 늪에 빠져 장기간 시달렸다. 1987년과 1988년의 성장률은 각각 0.6%와 1.5%에 불과했으며, 1989년부터 1991년까지의 3년 동안은 마이너스 성장률을 연속 기록했다. 이것이 호주와 뉴질랜드의 국민소득이 지금처럼 큰 격차를 나타나게 한 결정적인 두 원인 중 하나였다. 왜 이런 일이 벌어졌을까?

호주와 뉴질랜드의 1983~1993년 성장률(%) 추이

구분	83	84	85	86	87	88	89	90	91	92	93
호주	1.0	7.5	4.5	2.0	4.8	4.2	4.2	1.3	-1.6	2.5	4.0
NZ	5.8	5.2	-0.2	3.3	0.6	1.5	-1.3	-0.9	-2.5	1.9	5.2

자료 : International Financial Statics 1995, IMF

뉴질랜드가 1980년대 초에 비교적 높은 성장률을 기록했던 게 오히려 부정적인 결과를 빚었다. 이 경제성적은 재정팽창으로 이룬 일시적인 성과였을 따름이다. 뉴질랜드의 재정적자는 1981년과 1982년에 각각 GDP의 7% 중반에 이르렀으며, 1983년과 1984년에는 9%를 상회했다. 이처럼 재정적자가 커지자 성장률은 잠시 상승했으나 국제경쟁력과 성장잠재력이 계속 떨어졌다. 결국 1985년 성장률은 -0.2%를 기록하고 말았다. 그 기저효과로 1986년에는 성장률이 3.3%로 상승했지만, 국가부채의 급증 때문에 1987년에는 재정긴축 정책을 펼쳐야했고 성장률은 위에서 언급한 것처럼 0.6%로 떨어졌다. 이런 극심한 경기변동과 경기하강에는 물가불안이 결정적인 역할을 했다.

반면에, 호주는 1982년에 마이너스 성장을 했음에도 재정적자를 GDP의 0.4%로 억제했다. 이것은 뉴질랜드의 7.6%에 비해 훨씬 낮았다. 호주도 1983년부터는 경기회복을 위해 재정적자 규모를 키워 1984년에는 GDP의 4.1%에 달했지만, 뉴질랜드의 8.2%보다는 절반에 불과했다. 이때는 호주의 재정적자가 위

와 같이 커짐에 따라 물가불안이 나타났으나, 뉴질랜드 등 다른 경쟁국에 비해 그다지 심각한 편은 아니었다. 그래도 물가불안의 여파는 피해갈 수 없어서 1986년 성장률은 위의 표에서 보듯이 2.0%로 떨어졌다.

호주와 뉴질랜드의 1982~1992 재정적자(대GDP비율, %) 추이

구분	82	83	84	85	86	87	88	89	90	91	92
호주	-0.4	-2.7	-4.1	-3.1	-2.4	-1.0	0.8	1.9	2.2	0.6	-2.3
NZ	-7.6	-9.2	-8.2	-4.6	-3.6	1.0	2.0	0	4.0	1.9	-2.3

자료 : International Financial Statics 1995, IMF

호주와 뉴질랜드가 이처럼 상반된 재정정책을 펼친 결과는 물가상승률의 격차로 나타났다. 호주는 경제난 속에서도 재정적자를 오히려 줄였고, 그 영향으로 1984년의 물가상승률은 4.0%로 떨어졌다. 물가가 이처럼 안정되자 성장률은 그해에 7.5%로 빠르게 상승했다. 반면에, 뉴질랜드는 1985년에 물가상승률이 15.4%를 기록했으며 그 뒤로도 1987년까지 계속 10%를 넘었다. 물가불안이 이처럼 지속됨에 따라 뉴질랜드의 성장률은 1985년에 -0.2%로 떨어졌다. 그러자 또 재정적자 정책을 펼쳐 경기부양에 나섰다. 이 정책은 성장률을 일시적으로 약간 높였으나, 1987년부터는 국내경기를 빠르게 하강시켰다. 하필 이처럼 경제난이 심각해지던 때인 1989년에는 금융위기까지 터졌다.

호주와 뉴질랜드의 1983~1993년 물가상승률(%) 추이

구분	83	84	85	86	87	88	89	90	91	92	93
호주	10.1	4.0	6.7	9.1	8.5	7.2	7.6	7.3	3.2	1.0	1.8
NZ	7.4	6.2	15.4	13.2	15.7	6.4	5.7	6.1	2.6	1.0	1.3

자료 : International Financial Statics 1995, IMF

위에서 살펴본 것처럼, 호주가 뉴질랜드보다 더 뛰어난 경제 정책을 펼침으로써 월등히 뛰어난 경제성과를 거뒀던 계기는 무엇일까? 1983년의 총선거에서 노동당이 승리하여 총리에 오른 밥 호크는 폴 키팅을 재무장관에 기용했는데, 키팅이 펼친 정책이 위와 같은 경제적 성공을 이룩했다. 그럼 그는 누구일까? 경제학적으로는 어떤 학력과 경력을 갖췄을까? 놀라지 마시라. 그는 경제학에 어떤 학위도 없다. 최종 학력은 중학교 졸업이다. 이런 사실은 학력만능 풍토에 찌든 우리나라로서는 실로 놀랄 일이 아닐 수 없다. 물론 키팅은 일찍부터 노동운동에 투신하여 국회의원에 당선됐고, 나름대로 국가경제의 경영에 오랜 세월 동안 깊은 관심을 가졌던 것은 사실이지만 말이다.

키팅은 과연 어떤 경제정책을 펼쳤을까? 그린스펀이 그의 자서전에서 적절히 언급한 바처럼, 호주 정부는 "경쟁을 억압하는 규제로 인해 답보 상태에 놓인 경제에 대해 일련의 중요하지만 고통스러운 개혁조치, 특히 노동시장 개혁에 착수했다. 그밖에

관세를 현저하게 인하했고, 환율은 변동제로 바꾸었다."[7] 뿐만
아니라 정부가 장악했던 은행은 물론이고 공기업까지 과감히 민
영화했으며, 규제완화도 추진했다. 그 덕에 시장기능이 활성화되
어 성장잠재력을 향상시켰다. 더욱 놀라운 사실은, 이런 정책이
진보 정당인 노동당의 정권에서 이뤄졌다는 것이었다. 결국 생산
성이 향상되고 물가는 안정됐으며, 성장률은 1987년부터 1989년
까지 4%대의 비교적 양호한 실적을 기록했다. 이렇게 안정적인
성장을 지속하자 1988년부터는 재정수지가 흑자로 돌아섰다. 이
것이 1990년대 초의 금융위기를 극복하는 데에 큰 도움을 줬다.

　뉴질랜드 역시 호주와 비슷한 시기에 비슷한 정치과정을 거쳤
으며, 엇비슷한 경제정책을 펼쳤다. 1984년 총선에서 승리한 뉴
질랜드 노동당은 로저 더글러스를 재무장관에 임용했다. 그는 변
동환율제의 도입, 농산물에 대한 정부지원의 폐지, 수입규제와
관세장벽의 완화, 정부업무의 국영기업화 및 국영기업의 민영화,
강력한 구조조정 등을 추진했다. 특히 구조조정의 경우, 철도청
직원 22만 명 중에서 18만 명을 정리하는 등 강력하게 추진했다.
이런 다소 과격한 개혁이 반대여론을 불러일으켰고, 더글러스는
결국 사임했다.

　더글러스가 저지른 가장 중대한 실책은 앞에서 이미 살펴봤

---

7) 격동의 시대 421쪽, 그린스펀, 북@북스, 2007년

듯이 물가불안을 일으킬 게 빤한 재정적자 정책을 펼쳤다는 것이다. 그 바람에 물가가 하늘 높은 줄 모르고 올랐으며, 뉴질랜드의 성장잠재력과 국제경쟁력은 나날이 떨어졌고 성장지속력까지 훼손당했다. 더 불행한 사태는 1990년대 초에 전개됐다. 물가가 지속적으로 상승하자 1980년대 후반부터는 부동산 가격이 급등했고, 곧이어 이것이 폭락하는 바람에 금융위기가 1989년부터 진행되었다. 성장률은 앞에서 언급한 것처럼 이때부터 마이너스를 기록하기 시작했다.

호주에서도 뉴질랜드의 금융위기가 전염되어 1990년에 금융위기가 터졌다. 당연히 국내경기는 빠르게 하강하여 1991년 성장률은 −1.5%를 기록했다. 하지만 그 해 총선에서 승리하여 총리에 오른 키팅은 개방화와 규제완화와 시장기능 활성화 등의 정책을 더욱 강력히 추진함으로써 금융위기를 비교적 짧은 기간에 성공적으로 극복했다. 금융위기가 발생한지 1년도 지나지 않아 국내경기가 본격적으로 회복되기 시작해 성장률은 1992년 2.3%, 1993년 4.0%, 1994년 5.2% 등 비교적 높은 실적을 연속 기록했다.

반면에, 뉴질랜드는 과거에 재정팽창이 장기간의 물가불안과 경기부진을 초래했던 것으로 판단하여 더욱 강력한 긴축정책을 펼쳤다. 재정수지는 이미 1987년부터 흑자로 돌아섰고, 1990년에는 흑자 규모가 GDP의 4%를 기록했다. 이런 과도한 재정긴축

정책이 경기를 위축시킴으로써 금융위기를 더 심화시켰고, 금융위기는 경기침체를 장기화시켰다. 성장률은 1989년부터 1991년까지 3년 연속 마이너스를 기록했으며, 1992년에도 겨우 1.9%를 기록했다. 아무리 훌륭한 정책이라도 과도하면 이처럼 불행한 결과를 빚는다.

경제난이 장기간 이어지자 뉴질랜드는 신자유주의 정책을 더욱 강력히 추진했다. 그중에서도 공무원 수를 크게 줄인 것이 성장잠재력의 향상에 결정적인 역할을 했다. 심지어 조달청과 감옥까지 민영화하거나 민간에 위탁했을 정도였다. 그 결과로 뉴질랜드의 성장률은 1993년과 1994년에 각각 5.2%와 5.3%를 기록했으며, 그 뒤로는 다소 낮아졌으나 안정적인 성장을 지속했다. 1998년에는 동아시아 외환위기와 러시아 디폴트의 영향을 받아 1.2%라는 상대적으로 낮은 성장률을 기록했지만, 1999년부터는 장기간의 성장국면에 진입하여 2008년의 세계 금융위기 직전까지 안정적인 성장을 지속했다.

호주와 뉴질랜드의 1990년대 중반 이후 성장률(%) 추이

구분	1994	1995	1996	1997	1998	1999	2000
뉴질랜드	5.3	2.9	2.7	3.0	1.2	5.2	2.5
호주	5.2	3.8	4.1	4.0	5.0	4.4	3.3

자료 : 국제통계연감 1998년과 2007년, 통계청

호주는 1990년대 후반 이후에도 뉴질랜드보다 더 나은 경제 성적을 남겼다. 동아시아의 외환위기와 러시아의 디폴트 그리고 미국 LTCM의 붕괴 등이 연이어 터졌던 1998년조차 호주의 성장률은 5.0%라는 양호한 성적을 거뒀다. 그 후로도 성장률은 비교적 높은 수준을 지속적으로 유지했다. 심지어 미국에서 나스닥 시장이 폭락하고 곧이어 9.11사태가 터지는 등 세계경제가 전반적으로 경기부진에 시달리던 2001년과 2002년에도 호주의 성장률은 각각 2.6%와 4.0%를 기록했다.

그뿐만 아니라, 세계적인 금융위기가 진행 중이던 2009년에는 다른 선진국들이 대부분 마이너스 성장률을 기록했는데, 호주의 성장률은 1.3%를 기록했으며 그 뒤로는 빠르게 더욱 높아졌다. 여기에는 시의적절한 경기부양 정책이 큰 역할을 했던 것으로 분석된다. 반면에, 뉴질랜드는 과거의 재정팽창이 불러왔던 쓰라린 경험 때문에 적극적인 경기부양 정책을 펼치지 못했으며, 성장률은 2008년에 −1.1%를 기록했고, 2009년에 0.7%를, 2010년에는 1.7%를 기록하는 데 그쳤다.

호주와 뉴질랜드의 2001년 이후 성장률(%) 추이

구분	2001	2002	2003	2004	2005	2006	2007	2008	2009	2010
호주	2.6	4.0	3.3	3.8	3.1	2.6	4.6	2.6	1.3	2.7
NZ	3.5	5.0	4.0	3.6	3.3	2.2	2.9	−1.1	0.7	1.6

자료 : 국제통계연감 2012년, 통계청

이들 사례의 교훈은 다음과 같이 정리할 수 있을 것 같다. 첫째, 어떤 훌륭한 정책처방도 물가불안 속에서는 효과를 발휘하지 못한다. 둘째, 재정적자 혹은 재정확대를 통한 경기부양의 효과는 지속가능성이 없으며, 장기적으로는 물가불안을 일으켜 경기침체라는 더 심각한 후유증을 남긴다.[8] 물가불안이 지속되면 부동산 가격이 급등하면서 투기가 발생하고, 그 투기의 거품이 꺼지면 금융위기가 터지기도 한다. 셋째, 재정정책을 통한 경기부양은 성장잠재력을 떨어뜨린다. 넷째, 재정이 팽창하여 성장잠재력이 떨어지면 물가불안이 나타난다. 다섯째, 금융위기가 발생했을 경우에는 정책적으로 어떻게 대처하느냐에 따라 성장률과 소득의 격차가 크게 벌어진다. 여섯째, 아무리 심각한 경제난이나 경제위기라도 민영화와 규제완화와 개방화 등의 정책을 펼치면 극복할 수 있다. 다만, 신자유주의 정책도 지속가능성을 유지해야한다. 끝으로, 반드시 명심할 점은 경제가 악순환에 빠져들려 할 경우에는 적절한 경기부양 정책을 펼쳐야 안정적인 성장을 지속할 수 있다는 것이다.

---

8) 참고로 경기부진에 대해서는 다양한 용어가 사용된다. 1년 이상에 걸쳐 마이너스 성장을 할 때는 경기침체(Depression)라는 용어가 흔히 쓰이고, 두 분기 이상에 걸쳐 마이너스 성장을 하면 경기후퇴(Recession)라는 용어가 주로 쓰이며, 0%에 가까운 낮은 성장률을 보이면 경기부진(Stagnation)이라는 용어가 쓰이곤 한다.

5

안정적 성장보다 더 중요한 경제정책은 없다

경제정책의 최우선 목표는 경제의 안정적인 성장이어야 한다. 어떤 명분이나 정책목표도 경기를 희생시키면 바람직하지 못한 결과를 빚는다. 예외가 있다면, 외환위기나 금융위기가 터졌을 때처럼 경기후퇴가 급속히 진행할 경우뿐이다. 산불이 걷잡을 수 없게 번지면 맞불을 놔야 하듯이, 이때는 경기후퇴를 정책적으로 가속화시킬 필요가 있다. 그 목적은 어차피 무너질 기업의 퇴출을 촉진함으로써 공급자시장을 조성하여 경기를 빠른 시일 내에 회복시키기 위해서이다.

그밖에는 특정 정책목표를 달성하기 위한 정책이 경기를 후퇴시키면 훨씬 나쁜 결과를 빚는다. 양보할 수 없는 경제 정의나 사회적 현안일지라도 마찬가지이다. 예를 들어 빈부격차 완화, 사회복지 확대, 부동산 투기억제, 가계부채나 국가부채의 축소, 구조조정, 기업 지배구조 개선 등 지금까지 사회적 현안으로 떠올랐던 어떤 명제도 경기흐름을 희생시킨 경우에는 그 현안을 오히려 악화시키곤 했다. 이 문제를 차례로 살펴보자.

첫째, 사회복지 확대를 위한 재정지출의 팽창이 국가경제가 감당할 능력을 넘어서면, 성장잠재력과 국제경쟁력을 점차 소진시키고 결국은 성장률이 떨어지는 것을 피할 수 없다. 성장률이 떨어지면 국제수지, 재정수지, 물가 등 거의 모든 경제지표가 전반적으로 악화된다. 그래서 경기는 장기적인 침체에 빠져들고, 실업률의 상승이 심각한 문제로 떠오른다. 사회복지를 향상시키자는 정책이 사회복지의 가장 큰 적인 실업사태를 부르는 셈이다. 1960년대의 영국, 1980년대의 스웨덴과 핀란드 그리고 1990년대의 독일과 프랑스 등의 복지정책은 대표적인 실패사례이다.

둘째, 빈부격차 문제도 마찬가지이다. 빈부격차 완화를 위한 정책이 국내경기를 하강시키면, 실업률은 높아지고 그러면 상대적으로 못사는 사람의 임금상승률이 경제성장률에 비해 상대적으로 더 낮아진다. 뿐만 아니라, 앞에서 언급한 바처럼, 국내경기가 부진해지면 못사는 사람이 먼저 해고를 당하고, 사업이 망해도 영세 업체부터 망하는 것이 보통이므로 빈부격차는 더욱 커지고 만다. 빈부격차의 완화를 위해서도 경기의 안정적인 유지는 필수적이다.

셋째, 부동산 가격이 폭등하면 내 집 마련의 꿈은 점점 멀어지고, 집 없는 사람의 상대적 박탈감은 커지며, 이것이 사회불안을 야기하기도 한다. 또한 국가경제의 한정된 자원이 비생산적인 부문으로 흘러감으로써 성장잠재력과 국제경쟁력까지 떨어뜨린다. 뿐만 아니라, 거품이 발생하여 꺼질 때에는 심각한 금융위기와 경제난이 발생한다. 따라서 부동산 투기는 어떤 대가를 지불하더라도 사전에 예방하고 봐야한다.

만약 이미 투기가 본격적으로 진행했다면 어떤 사후대책도 큰 성과를 기대하기 어렵고 오히려 역효과만 낳는다. 이미 일어난 투기를 억제하려면 강력한 긴축정책을 시행해야하는데, 이것이 강력할수록 건설경기에 악영향을 끼치면서 전반적인 경기하강까지 부른다. 경기가 하강하면 못사는 사람이 가장 큰 고통을 당한다. 부동산 폭등에 따른 상대적 박탈감보다 훨씬 큰 경제적 타격을 입곤 한다.

넷째, 국가경제가 건강성을 유지하기 위해서는 국가부채나 가계부채가 적을수록 좋은 것은 사실이다. 하지만 국가부채나 가계부채를 줄이자는 정책이 국내경기까지 희생시키면 문제는 훨씬 심각해진다. 국내경기가 후퇴하면 성장률은 낮아지고 세입이 줄어들며, 국가부채와 가계부채의 부담은 더 커진다.

실제로 일본은 1996년에 국가부채를 줄이겠다며 세율을 인상했다가 경기를 냉각시킴으로써 세입이 크게 줄었고, 재정적자가 더 커지면서 국가부채는 눈덩이 구르듯이 불어나고 말았다. 우리나라도 2002년부터 가계부채를 줄인다고 은행의 가계대출을 억제하자, 경기가 냉각되면서 신용불량자를 양산했고 국가경제의 부담은 더 커졌다. 뿐만 아니라, 신용카드사 등 일부 금융회사의 경영수지가 급속히 악화되면서 금융기관까지 흔들렸다. 이 문제는 이미 앞에서 충분히 거론했다.

다섯째, 기업의 구조조정이나 지배구조 개선 등도 국가경제의 미래를 위해 바람직한 일이지만, 국내경기가 부진해져 안정적인 범위를 벗어나면 오히려 더 나쁜 결과를 빚는다. 사람도 수술을 받으면 체력과 건강이 일시적으로 떨어지는 것처럼 기업의 구조조정이나 지배구조 개선 역시 일시적으로는 경기를 후퇴시키는 압력으로 작용하기 때문이다. 경제체력이 이런 압력을 버텨내지 못하면 경기는 후퇴하고, 흑자 기업까지 적자 기업으로 바뀐다. 경기하강 속도가 지나치게 빠르면, 건실한 기업도 유동성 부족에 직면하여 무너지기도 한다. 다만 외환위기가 발생했을 때처럼 경기부진이 장기화할 가능성이 높은 경우는, 이미 몇 차례 강조한 것처럼, 구조조정과 지배구조 개선 등을 강력히 시행하여 수요 감소보다 더 빠른 속도로 생산을 감축시킴으로써 공급자시장을 조성하는 것이 경제난의 기간을 단축시키는 첩경이다.

지금까지 살펴본 바와 같이 경기안정은 모든 정책의 전제조건이다. 따라서 복지 향상, 빈부격차 완화, 부동산투기 억제, 국가부채나 가계부채의 축소, 구조조정, 기업지배구조 개선 등은 모두 바람직한 정책목표이지만 경기가 안정된 가운데 추진해야할 일들이다. 아무리 훌륭한 정책목표일지라도 경제체력이 버텨주는 범위 안에서 이뤄져야 경기흐름을 해치지 않을 수 있고, 이 경우에 비로소 소기의 정책적 효과를 얻을 수 있다.

6

국제경쟁력, 성장잠재력, 성장지속력

국가경제가 뛰어난 경제성적을 거두기 위해서는 어떤 경제정책을 펼쳐야 할까? 어떤 경제정책이 국가경제를 번영으로 이끌어갈 수 있을까? 이 물음에 답하기 위해서는 경제가 생명체 특히, 인간과 비슷한 특성을 지니고 있다는 점을 명확히 인식할 필요가 있다. 이것은 경제학이 생리학과 거의 같은 이론체계를 갖추고 있다는 사실에 의해서 충분히 입증된다. 경제체는 인간의 집합체이고, 국가경제는 인간집단이 활동한 산물이기도 하다. 따라서 어떤 사람 특히, 어떤 운동선수가 뛰어난 성적을 거두는가를 살펴보면, 어떤 국가경제가 뛰어난 성적을 거두는지를 비교적 쉽게 알 수가 있다.

그럼 어떤 운동선수가 뛰어난 성적을 거둘까? 구체적으로, 인기 스포츠 중 하나인 축구에서는 어떤 선수가 뛰어난 성적을 거둘까? 신장과 체중 등의 체격조건도 중요하고, 빠르게 달리는 능력도 중요하다. 신장이 크고 체중이 적당히 무거우면 그리고 달리는 속도가 빠르면 그만큼 유리하다. 그러나 체격조건과 운동능력이 열악함에도 불구하고 뛰어난 성적을 거두는 선수들도 많다.

메시는 그런 대표적인 축구선수 중 하나이다. 키가 180cm를 넘거나 심지어 190cm를 넘는 축구선수들도 많지만, 그의 키는 170cm에 불과하여 축구선수로서는 작은 편에 속한다. 체중 역시 축구선수로는 가벼운 편에 속한다. 뿐만 아니라, 그의 100m 달리기 속도는 13초에 근접할 정도로 빠른 편이 아니다. 그런 그가 어떻게 세계 최고의 축구선수 중 한 사람이 되었을까?

훌륭한 축구선수가 되기 위해서는 체격과 빨리 달리기 이외에도 갖춰야 할 조건들이 많다. 그중에서도 가장 중요한 것들로는 체력과 기술과 경기감각을 들 수 있다. 경기시간 90분 동안 줄기차게 달리는 체력이 필요하고, 축구공을 잘 다루는 기술도 필요하며, 돌파력과 방어력도 필요하다. 그리고 결정적인 순간에 골을 넣거나 그것을 방어하는 경기감각 역시 필요하다. 이런 능력들은 오랜 세월 피땀을 흘려야하는 노력과 수많은 실전연습을 통해 연마될 수 있다.

국가경제를 경영하는 일도 마찬가지이다. 인적자원과 자연자원 등 여러 자원들도 중요하지만, 국가경제의 체력과 기술과 경기감각도 중요하다. 어쩌면 자연자원들보다 이런 것들이 훨씬 중요하다고 해야 할지도 모르겠다. 아니, 훨씬 이런 것들이 중요하다. 현실적으로 인적자원을 제외한 다른 여러 자원들은 국가경제의 번영과 큰 상관관계가 거의 없기도 하다. 세계경제를 두루 둘러보면, 자연자원 등이 비교적 풍부한 나라들보다는, 그런 것들이 빈약한 나라들이 훨씬 더 뛰어난 경제번영을 누리고 있기 때문이다.

그렇다면 이제 해결해야할 남은 문제는 '국가경제의 체력과 기술과 경기감각을 어떻게 향상시키느냐'이다. 그리고 이 문제를 해결하기 위해서는 국가경제에서 체력은 무엇이고, 기술은 무엇이며, 경기감각은 무엇인가를 먼저 확실히 이해할 필요가 있다. 그게 과연 무엇일까? 한마디로, 국가경제에서는 체력이 곧 성장잠재력이고, 기술은 곧 국제경쟁력이며, 경기감각은 성장지속력이라고 할 수 있다. 다시 말해, 성장잠재력이 우수해야하고, 국제경쟁력이 뛰어나야하며, 성장지속력도 충분히 갖춰야 비로소 국가경제는 괄목할만한 성적을 올릴 수 있다는 것이다.

그런데 성장잠재력과 국제경쟁력과 성장지속력이 현실에 구현된 것은 지속가능한 성장률 즉, 잠재성장률이다. 이 잠재성장률은 물가 불안과 국제수지 악화와 같은 경제성장을 지속시키지 못할 경제변수들이 나타나지 않은 가운데 기록하는 최고의 성장률을 의미한다. 실제로 물가불안과 국제수지 악화와 경제위기가 나타나지 않으면, 아무리 높은 성장률을 기록하더라도 경기의 급격한 변동이나 파국적인 경제위기는 벌어지지 않는다. 이 경우에 비로소 경제성장의 지속은 가능해진다. 이것이 바로 지속가능한 성장률 즉, 잠재성장률이다.

그럼 어찌해야 잠재성장률을 높일 수 있을까? 지속가능한 성장을 위해서는 성장의 지속력을 갖춰야하고, 국제수지가 악화되지 않기 위해서는 국제경쟁력이 높아야하며, 물가가 불안해지지 않기 위해서는 성장잠재력이 높아야한다. 이처럼 잠재성장률이라는 개념은 성장지속력과 국제경쟁력과 성장잠재력이라는 세 가지 뜻을 함께 가지고 있다. 그 중 어느 하나라도 악화되면 경제성장은 지속가능하지 못하게 된다. 이런 의미에서 성장잠재력과 국제경쟁력과 성장지속력은 동의어이다. 지속가능산 성장률이 이 셋을 함께 요구하기 때문이다.

위와 같이 성장잠재력과 국제경쟁력과 성장지속력이 모두 잠재성장률에 속함에도 불구하고 굳이 구분하는 이유는 잠재성장률을 뛰어넘는 성장률을 기록했을 때에 먼저 나타나는 현상이 종종 다르기 때문이다. 어떤 경우에는 물가불안이 먼저 나타나는데, 이것은 성장잠재력이 떨어졌다는 것을 의미한다. 다른 경우에는 국제수지 악화가 먼저 나타나는데, 이것은 국제경쟁력이 떨어졌다는 것을 의미한다. 또 다른 경우에는 국내경기가 먼저 하강으로 돌아서는데, 이것은 성장지속력이 떨어졌다는 것을 의미한다.

하지만 어느 현상이 먼저 나타나느냐의 차이가 있을 뿐, 잠재성장률보다 더 높은 성장률을 지속적으로 기록할 경우에는 물가 불안과 국제수지 악화와 경기하강 등이 결국은 함께 나타난다. 결론적으로, 성장지속력과 국제경쟁력과 성장잠재력을 모두 충분히 갖춰야 잠재성장률은 높아질 수가 있다.

그럼 잠재성장률은 어떤 경우에 높아질까? 간단히 말해, 생산성 향상속도가 빨라질 경우에 잠재성장률은 높아진다. 생산성 향상속도가 빨라진다는 것은 성장의 지속성이 그만큼 뛰어나다는 것을 의미한다. 생산성 향상이 가장 확실하게 성장의 지속성을 확보해주는 방법이기 때문이다. 그리고 생산성 향상속도가 빠르다는 것은 같은 제품을 더 싼 가격으로 생산한다는 것을 의미하므로 물가를 안정시키는 역할도 한다. 그뿐만 아니라 생산성 향상 속도가 다른 나라에 비해 빠르다는 것은 국제경쟁력이 더 높다는 것을 의미하기도 한다. 이런 견지에서도 성장지속력과 국제경쟁력과 성장잠재력은 동의어이다.

그럼 생산성 향상속도는 어느 경우에 빨라질까? 경제가 안정적으로 빠르게 성장할 때에 높아지고, 경제가 안정적으로 빠르게 성장하기 위해서는 기술 수준이 꾸준히 향상되어야한다. 이 기술 수준은 크게 두 가지로 나뉜다. 그 하나는 과학적 기술수준이고, 다른 하나는 경제적 기술수준이다. 과학적 기술수준은 어떤 상품을 생산할 수 있느냐 없느냐를 의미하고, 경제적 기술수준은 얼마나 값싸게 생산할 수 있느냐를 의미한다.

그럼 과학적 기술수준은 어느 경우에 빠르게 높아질까? 당연히 경제가 안정적으로 빠르게 성장할 때이다. 세계 경제사를 살펴보면 과학적 기술수준의 발전이 경제의 성장보다 먼저 나타났던 사례는 찾아보기 어렵다. 오히려 경제가 빠르게 안정적으로 성장한 뒤에 비로소 과학적 기술수준도 비약적으로 발전했던 것이 역사적 경험이다. 따라서 경제적 기술수준이 능동적이고 주도적으로 경제를 성장시킨다고 보는 게 옳다. 그럼 경제적 기술수준은 어느 경우에 빠르게 향상될까? 당연히 잠재성장률이 높아질 때이다.

그럼 잠재성장률은 어찌해야 향상시킬 수 있을까? 경제성장을 제약하는 대표적인 변수는 물가불안과 국제수지 악화이므로, 물가불안이 일어나도 그리고 국제수지가 악화되어도 경제성장은 지속되지 못한다. 우선, 물가불안은 구매력을 위축시켜 경기하강을 초래하고, 물가상승의 악순환을 일으킴으로써 간혹 초 인플레이션으로 발전하기도 한다. 다음으로, 국제수지 악화는 국내소득을 해외로 이전시켜 국내수요의 부족에 따른 경기부진을 초래하며, 외환보유고를 고갈시켜 종종 외환위기를 일으키기도 한다. 이렇게 나타난 초인플레이션이나 외환위기는 심각한 경제파국을 초래한다. 그럼 물가불안과 국제수지 악화를 예방하기 위해서는 어찌해야할까?

    우선, 물가불안이 일어나지 않도록 하기 위해서는 통화의 적정한 공급과 국내경기의 안정적인 유지가 필수적이지만, 이것은 소극적인 방법이다. 통화의 안정적인 공급이 자칫 통화 공급의 부족을 초래하여 국내경기를 하강시키거나 재정긴축이 총수요의 부족을 초래하여 국내경기를 하강시킬 수도 있다. 물가를 안정시키기 위한 능동적인 방법이 필요한데, 이것이 바로 생산성 향상이다. 생산성을 향상시키면 물가를 근원적으로 안정시킬 수 있다. 같은 비용으로 더 많이 생산하는 것이 생산성 향상이므로, 물가를 안정시키는 적극적인 정책수단은 생산성 향상인 셈이다.

    다른 한편으로, 국제수지 악화를 예방하기 위해서는 국내경기가 과열을 일으키지 않도록 하는 게 필수적이지만, 이것 역시 소극적인 방법이다. 국내경기를 안정시키는 정책이 자칫 경기부진을 불러올 수도 있으므로 국제경쟁력을 향상시키는 능동적인 방법이 필요한데, 생산성 향상은 국제경쟁력을 강화시키는 가장 유력한 방법이기도 하다. 결론적으로, 생산성 향상은 물가불안을 예방하는 방법이기도 하며, 국제경쟁력을 향상시키는 가장 유력한 방법이기도 하다. 그럼 능동적으로는 어찌해야 생산성을 향상시킬 수 있을까?

    먼저, 비만에 시달리고 있는 우리 경제의 체질을 변화시키는 게 가장 시급한 일이다. 특히 국가경제를 관리하는 분야인 공공부문을 획기적으로 줄이고 효율적으로 운영할 필요가 있다. 다음으로, 생산성을 정책적으로 향상시킬 수 있는 분야는 공급 부문, 특히 제조업 부문이므로 이것이 활발하게 성장하도록 제도적으로 뒷받침할 필요가 있다. 아직 선진국 문턱을 완전히 넘어서지 못한 우리나라 경제로서는 금융업 등 서비스업이 상대적으로 더 빠르게 성장할 경우에는 조로현상이 벌어질 수도 있다. 이것을 예방하기 위해서라도 제조업의 발달을 적극적으로 유도하는 게 필수적이다. 그럼 어떤 제조업 부문이 성장해야 경제가 활발하게 살아나고 생상성이 향상될 수 있을까? 지금부터는 이 문제들을 차례로 살펴보자.

첫째, 우리나라 국민소득이 선진국 수준인 6만 달러로 증가하기 위해서는 이런 높은 소득을 견뎌낼 산업과 기업이 끊임없이 나타나서 성장해야한다. 이것이 성장잠재력과 국제경쟁력을 높이는 최선의 방법이다. 바꿔 말해, 5년 후나 10년 후에도 우리 경제를 먹여 살릴 산업과 기업이 꾸준히 나타나 성장해야한다는 것이다.

현재 우리 경제를 중추적으로 지탱해주고 있는 가전과 조선 등의 조립산업 그리고 철강과 석유화학 등의 장치산업은 국민소득 4만 달러 이상을 견뎌내기가 쉽지 않다. 이런 산업에서도 기술 발달과 그에 따른 생산성 향상이 지속적으로 이뤄지면 그게 가능하나, 이것은 불투명하다. 그러므로 우리 국민소득이 조만간 6만 달러 이상으로 증가하기 위해서는 이것을 견뎌낼 새로운 산업과 기업들이 꾸준히 성장해야한다.

그럼 어떤 제조업이 국민 소득 6만 달러를 견뎌낼 수 있을까? 그것은 크게 세 가지 산업이다. 그 하나는 자동차나 명품 소비재 같은 과시형 제품을 생산하는 산업이고, 다른 둘은 고도의 생산 기술과 과학기술이 필요한 부품소재 및 기자재 산업과 첨단산업 이다. 여기에는 정밀기계 산업, 정밀화학 산업, 생명공학 산업 그 리고 로봇 등의 자동화 산업이 포함된다. 어찌하면 이런 산업들 이 발전할 수 있을까? 어떤 정책을 펼치는 게 효과적일까?

먼저, 부품소재와 기자재 산업에 대해 살펴보자. 현실적으로, 일본이 최근에 반도체 생산에 필수적인 소재들의 우리나라에 대한 수입을 규제한 이후에 부품소재 산업의 육성이 과거 어느 때 보다 큰 국민의 관심사로 떠오르기도 했다. 즉, 부품소재와 기자 재 산업을 육성하지 않고는 최근과 같은 돌발적인 사태로 인해 우리나라 산업이 전반적으로 큰 위기에 처할 수도 있으므로 이 문제부터 다뤄보자는 것이다. 더욱이 부품소재와 기자재 산업은 국민소득 10만 달러도 얼마든지 견뎌낼 초고부가가치 산업으로 서 우리 경제의 지속적인 발전을 가능하게 할 산업이기도 하다.

그런데 부품소재 및 기자재 산업에 대한 육성의 필요성은 이 미 1980년대 중반부터 본격적으로 제기되었고, 이를 위한 경제 정책도 실시되었다. 그러나 최근에 일본 정부의 금수조치가 단적 으로 보여줬듯이, 우리나라의 부품소재 및 기자재 산업은 여전히 후진성을 면치 못하고 있다. 그 이유가 무엇일까? 부품소재 및 기자재 산업의 특성을 외면한 채, 정책당국이 의욕만 앞세웠기 때문이다. 이것도 정부 주도의 산업정책이 폐해를 보여준 대표적인 사례에 속한다.

오히려 기업의 자발적인 노력으로 부품소재와 기자재가 개발되었을 경우조차 정부는 부품소재와 기자재 산업의 발달을 저해하는 행태를 보이기도 했다. 실제로, 우리 기업이 어떤 부품소재나 기자재를 개발하면, 일본의 생산업체는 그 부품소재나 기자재의 가격을 절반, 심지어 1/3까지 인하함으로써 국내 개발업체를 도산시키는 짓을 저질렀다. 이런 일본기업의 부도덕한 행태에 강력히 대응하여 반덤핑 관세를 부과해야 함에도 불구하고, 우리 기업의 이런 요구에도 불구하고, 우리 정부는 방관하기만 했던 것이 그동안의 전통이었다. 일본과의 외교관계가 악화될 수도 있다는 것이 그 명분이었다.

무엇보다 심각한 것은 부품소재 및 기자재 산업의 특성을 외면한 채, 정부가 그 육성정책을 밀어붙였다는 점이다. 그럼 그 특성은 과연 무엇일까? 부품소재나 기자재는 대부분 '다품목 소량생산'의 특성을 지니고 있다. 즉, 전형적인 중소기업형 산업인 것이다. 그런데 고도의 부품소재와 기자재는 오랜 세월의 숙련이 필요한 노동자가 필수적이고, 그 개발에도 오랜 세월의 노력이 필요하며, 이에 따라 개발비가 엄청나게 소요된다. 따라서 중소기업이 감당하기가 좀처럼 어려운 특성도 함께 가지고 있다. 정책당국은 이런 상반된 특성을 외면한 채 정책을 수립하고 집행했으니, 그로부터 40년 가까운 세월이 지나도록 우리나라는 일본의 부품소재 및 기자재에 의존해야하는 실정인 것이다.

그렇다면 이 두 가지의 특성 즉, '다품종 소량생산'의 중소기업형 산업의 특성과 장기간의 개발 및 엄청난 비용의 소요라는 특성을 어떻게 조화시킬 수 있을까? 가장 유력한 방법으로는 '기업판매 종합상사'의 설립과 '부품소재 및 기자재 클러스터'를 구축하는 것을 꼽을 수 있다. '기업판매 종합상사'는 과거의 수출종합상사와 그 기능이 비슷하다고 봐도 좋다. 즉, 재벌이 '기업판매 종합상사'를 설립하여 그 안에서 각종 부품소재와 기자재를 생산할 중소기업들을 다수 육성하여 판매하도록 하자는 것이다. 그리고 정부는 과거의 수출종합상사에 부여했던 것과 같은 세제 및 재정상의 각종 지원을 해주자는 것이다.

그리고 정책적으로 대단위 클러스터를 조성하여, '기업판매 종합상사'는 물론이고 여러 중소기업들과 대학 및 연구소 등의 학계 그리고 정부지원기관 등이 가까운 거리에서 부품소재 및 기자재의 개발에 함께 협력하도록 하자는 것이다. 그중에서 정부지원기관은 어떤 부품소재와 기자재의 개발이 시급한지 등의 정보를 관세통계 등을 이용하여 제공하고, 각종 세제 혜택과 규제 완화 및 재정지원 등에도 적극 나설 필요가 있다.

다음으로, 과시형 산업이나 첨단 산업을 정부의 정책이 앞장서서 이끄는 것은 위험성이 높다. 정부가 선도하면 자칫 공급 과잉이 일어나 기업 도산사태가 일어날 수도 있다. 실제로 과거 박정희 정권에서는 고부가가치를 창출할 차관기업과 중화학공업을 집중 육성하겠다고 설립했던 대다수의 대기업이 도산한 바 있으며, 김대중 정권에서도 벤처산업을 집중적으로 지원했다가 도산사태를 초래한 바 있다. 따라서 이런 산업은 정부가 뒤에서 지원하는 게 바람직하다. 무엇보다, 모험적인 금융인과 금융회사가 스스로 탄생하도록 제도를 개선하여 이런 산업의 발전을 간접적으로 뒷받침하는 것이 바람직하다.

　현실에서는 정부 지원이 거의 없어도 과시형 산업은 민간부문의 노력만으로 이미 괄목할만한 성과를 내고 있다. 예를 들어 화장품을 비롯하여 자전거와 오토바이 등의 안전모, 고급 모자, 등산화, 티비, 이동전화 등의 여러 제품은 세계적인 명품으로 등극했으며, 우리 자동차도 이제 명품 대접을 받아가고 있다. 생명공학 산업 등의 첨단산업도 마찬가지로서 일부는 눈부신 성장을 거듭하고 있다. 특히 제약업에서 큰 성과를 내고 있다. 이런 첨단산업은 그 발전방향을 정책당국이 가늠하기 어려우므로 간접적인 지원만 하고, 모험적인 금융인과 금융회사가 탄생하도록 하여 그 발굴과 성장을 촉진하는 게 바람직하다. 그럼 모험적인 금융인과 금융회사는 어찌해야 탄생할 수 있을까?

만약 세계 최고의 부자인 빌 게이츠가 한국에서 태어났다면 어찌됐을까? 이동통신 분야에서 세계 최고를 자랑하는 애플의 창업자 스티브 잡스가 한국에서 태어났다면 어찌됐을까? 만약 인텔이나 퀄컴이나 구글을 한국에서 창업했다면 어떤 일이 벌어졌을까? 금융계의 지원을 받지 못함으로써 싹도 틔우지 못하고 고사했을 가능성이 높다. 미국에서는 인텔이 성장하는 데 필요한 투자와 조언을 아끼지 않은 아서 록은 물론이고 아마존과 구글에 투자한 존 도어 등을 비롯한 여러 모험적인 금융인이 중요한 역할을 했다.

불행히도 국내에는 모험적인 투자를 할 금융인도, 그런 금융인을 키울 금융회사도 찾아보기 어렵다. 워렌 버펫, 조지 소로스, 짐 로저스, 줄리안 로버트슨 등과 같은 모험적인 투자자는 눈을 씻고 찾아봐도 찾기 어렵다. 괄목할만한 헷지펀드는 아예 없다. 그 이유는 또 무엇일까? 결론부터 밝히자면, 금융산업 규제가 지나치게 강력하여 기존 금융회사의 기득권만 보호할 뿐, 모험적인 투자자나 금융회사가 탄생하지 못하도록 원천봉쇄하고 있기 때문이다.

흔히 '자본시장 통합법'으로 불리는 '자본시장과 금융투자업에 관한 법률'은 금융산업의 발달은 물론이고 새로운 산업 또는 모험적인 기업의 탄생과 번성을 가로막는 대표적인 악법이다. 이 법률의 제정 목적은 "자본시장의 금융혁신과 공정한 경쟁을 촉진하고 투자자를 보호하며 금융투자업을 건전하게 육성함으로써 자본시장의 공정성·신뢰성·효율성을 높여 국민경제 발전에 이바지하기 위해"라고 규정하고 있지만, 이것은 허울뿐이고 실제로는 규제를 위한 법률로서 비대해질 대로 비대해진 금융 감독기관의 권한과 금융 대기업의 기득권을 보호하는 장치에 불과할 따름이다.

업종에 따라서 정도의 차이는 있으나, 일정한 자본금 이상을 적립해야하고, 자격증 소지자를 상당수 고용해야하는 등 각종 규제조건을 충족시키지 못하면 어느 누구도, 어떤 금융업도 할 수 없도록 규정한 게 자본시장법이다. 작은 규모의 자본금으로는 어떤 금융업도 할 수 없도록 엄격히 규제하고 있는데, 이것은 대표적인 악법이 아니고 무엇이겠는가. 더 심각한 문제는, 모든 금융상품은 정책당국의 허가를 받아야 판매할 수 있도록 규제하고 있다는 사실이다. 이것은 헌법 제1조의 명백한 위반이다. 국민은 헌법에 합치된 법률이 제한하는 것을 제외하고는 모든 행위를 할 수 있다는 게 민주헌법의 기본 정신인데, 주인인 국민이 하인인 공무원의 허가를 받지 않고서는 어떤 금융활동도 할 수 없도록 규정했기 때문이다.

한마디로, 자본시장법은 선택적 허용체제(Positive System)를 갖추고 있으므로, 제한적 규제체제(Negative System)를 원칙으로 삼는 민주헌법 및 법률의 기본원칙을 위배하고 있다. 이것처럼 경제민주화에 어긋나는 법이 어디 있는가. 실제로 자본시장법은 무려 230여

쪽에 이를 정도로 방대하다. 각종 규제와 선택적 허용체제를 갖추기 위해 이처럼 방대해진 것이다.

투자자를 보호하기 위해서라는 명분을 내세우지만, 이것은 자가당착이다. 투자자 보호보다 더 우선인 것은 국민 생명의 보호이다. 그러므로 국민 생명을 위협할지도 모를 유전자조작 농산물에도 이런 규제가 가해져야하지만, 그런 법률은 어디에도 없다. 더 극단적으로는, 새로운 볍씨 품종을 개발했을 때도 이것이 국민 생명을 위협할지 모르므로 그 경작 역시 정책당국의 허가를 받도록 해야 하지만, 이런 법률 역시 어디에도 없다.

간단히 말해, 금융업의 설립조건을 과도하게 규제하고, 모든 새로운 금융상품은 정책당국의 허가를 받도록 강제한 규정은 금융업에 새롭게 진출하려는 금융인을 가로막는 제도에 불과하다. 현재 영업 중인 금융 대기업의 기득권만을 보호하는 장치인 셈이다. 이처럼 경쟁을 제한하고 기득권을 보호해주면 금융회사는 모험적인 투자를 할 필요가 없어진다. 기득권에 안주하더라도 충분한 이익이 보장되는데 왜 위험한 투자를 굳이 하겠는가. 기득권이 위협받을 때, 그리고 모험자본이 왕성하게 일어나고 무섭게 성장할 때 모험투자는 활발해질 수 있다. 그래야 첨단산업이 발전할 수 있고, 국가경제도 고도성장 가도에 다시 올라설 수 있다. 금융산업의 민주화는 이래서 중요하다.

작은 돈으로도 누구나 금융업을 시작할 수 있을 때 비로소 모험적인 금융인과 금융기업이 탄생할 수 있고, 모험적인 금융인과 금융기업이 왕성하게 성장할 때에 비로소 마이크로소프트, 애플, 인텔, 퀄컴, 구글, 아마존, 암젠(생명공학업체) 등과 같은 고속성장 기업이 한국에서도 태어날 수 있다. 첨단산업의 발달은 이 방법으로 촉진하는 게 바람직하다.

강조하거니와, 진짜로 국가경제의 지속적인 번영을 위한다면 어느 금융상품이든 누구나 개발하여 판매할 수 있도록 해야 한다. 미국의 정보통신산업은 바로 이런 모험자본 덕분에 오늘날의 번영을 이뤄냈다. 금융산업의 규제를 풀면 금융시장은 물론이고 국가경제도 왕성하게 성장하여 발전할 것이고, 우리 경제의 최대 문제점인 경제력 집중도 완화될 것이며, 부의 대물림 현상도 미국처럼 완화될 것이다. 그러면 대한민국은 드디어 기회의 나라로 거듭날 것이다.

투자자의 피해를 최소화시키려면 그리고 금융시장의 안정성을 확보하려면, 자산운용 규모나 금융상품 판매액이 일정 규모 이상에 이를 때 비로소 정책당국에 등록하거나 인가 혹은 허가를 받도록 하는 것이 합리적이다. 예를 들어, 자산이 1백억 원 이상에 이르면 금융감독기관에 등록하도록 하고, 1천억 원 이상에 이르면 인가를 받도록 하며, 1조 원 이상에 이르면 허가를 받도록 하자는 것이다. 즉, 자산이 1백억 원 미만이라면 어떤 규제도 받지 않도록 하자는 것이다.

만약 고의적인 금융사기가 우려된다면 처벌을 강화하여 억제하는 게 바람직하다. 국민의 생명과 재산을 위협하는 범죄가 무섭다고 국민의 모든 행동을 정책당국의 허가를 받도록 할 수는 없다. 유독 금융사기로 인한 투자자의 손실만 원천적으로 봉쇄하겠다는 발상은 용납하기 어렵다. 현실적으로 금융사기에 대한 처벌은 그 피해자가 대부분 다수임에도 다른 범죄에 비해 형편없이 미약하다. 이 처벌을 강화하는 게 훨씬 바람직하다.

둘째, 공공부문의 구조조정 특히, 재정지출의 억제는 경기하강을 부른다는 것이 경제학계의 일반적인 인식이지만, 이것은 현 경제학의 문제점을 그대로 드러낸다. 현실에서는 이것이 국내경기를 상승시키는 것을 쉽게 확인할 수 있다. 재정지출을 장기간 증가시키면 경제위기가 찾아오는 반면에 재정지출을 억제하면 경기가 머지않아 상승하는 점에 대해서는 앞에서 충분히 살펴봤다. 다만 그런 사례들은 외국에 일어난 일이므로, 우리 경제와는 상관없는 일로 치부될 수도 있다. 따라서 우리나라의 사례를 좀 더 살펴볼 필요가 있을 것 같다. 실제로 그런 사례는 1980년대 이후 우리나라 경제에서 두드러지게 나타났다. 대표적인 사례를 하나 살펴보자.

1960년대 중반 이후 평균적으로 10%대를 웃돌던 성장률은 1970년대에 들어선 뒤부터 독재정치가 기승을 부리면서 차츰 떨어지기 시작했다. 1970년대 중반에는 재정지출을 확대시켜 잠시

10%대 성장률을 회복했지만 곧바로 떨어지기 시작해 1979년에는 6.8%를 기록했다. 경기가 이처럼 하강하자 정책당국은 또 재정지출 확대에 나섰다. 그 증가율은 1978년과 1979년에 각각 무려 38%와 37%에 달했다. 그럼에도 경기하강은 멈추지 않았다. 오히려 재정팽창은 국제경쟁력과 성장잠재력을 떨어뜨려 물가불안과 국제수지 악화를 불렀다.

소비자물가 상승률은 1978년과 1979년에 각각 15%와 18%를 기록했고, 경상수지 적자도 각각 11억 달러와 42억 달러를 기록했다. 이런 높은 물가상승률은 구매력을 떨어뜨려 경기를 하강시켰고, 대규모 국제수지 적자는 국내 소득의 해외 이전을 초래하여 경기 하강에 가세했다. 1978년 말의 제2차 석유파동에 이어 1979년 말에는 정변까지 겹치자 1980년 성장률은 −1.5%를 기록하고 말았다. 참고로 당시의 경기하강은 정변과 석유파동 때문으로 알려졌지만, 뒤에 나타난 사태가 근원으로 작용할 수는 없다. 국내경기는 정변과 석유파동이 터지기 훨씬 이전에 이미 빠르게 하강했고 외환위기까지 발생했다.

국내경기가 위와 같이 추락하자 정책당국은 또 재정지출을 확대하여 경기를 살려내겠다고 나섰다. 그 증가율은 1980년에 37%에 달했고 1981년에도 29%를 기록했다. 재정지출이 이렇게 대폭 증가하고 기저효과까지 가세함에 따라 1981년의 성장률은 6.2%를 기록해 다소 높아졌지만, 소비자물가 상승률은 1980년과 1981

년에 각각 29%와 21%를 나타냈으며, 경상수지 적자도 각각 53억 달러와 46억 달러를 기록했다. 이 두 해의 경상수지 적자는 평균 외환보유고의 2.5배에 달함으로써 외환보유고 고갈위기를 일으켰고, 1981년 말에는 IMF의 구제금융을 받아야했다.

구제금융을 해줬던 IMF는 경제신탁통치에 나서며 강력한 긴축정책을 요구했다. 재정지출 증가율은 1982년과 1983년에 각각 4.4%와 6.1% 등으로 뚝 떨어졌다. 그러자 실로 놀라운 일이 벌어졌다. 성장률이 1982년에는 오히려 7.3%로 높아졌고, 1983년에는 더 높아져 10.8%까지 상승했다. 특히 주목할 점은, 당시는 중남미 각국에서 발생한 외환위기가 다른 대륙의 여러 나라에 전염되었으며, 미국의 시티은행 등 대형 금융회사들까지 도산위기에 처함으로써 경기침체가 세계적으로 본격화했다는 사실이다. 대표적으로 미국의 성장률은 1982년에 −1.2%를 기록했다. 그런 가운데 우리나라가 이처럼 뛰어난 성장률을 기록한 것은 기적 같은 일이었다.[9]

그 뒤로도 재정긴축을 유지하자 물가는 더욱 안정되었고, 국제경쟁력이 획기적으로 향상되면서 국제수지까지 흑자로 전환하

---

9) 1982년의 외환위기 극복과 그 이후 1980년대 후반까지 이어진 경제호황이 당시 청와대 경제수석비서관이던 김재익의 공적이라고 평가하는 게 일반적이다. 그러나 이것은 사실과 다르다. 그는 1980년대 초에 재정을 팽창시켜 외환위기를 일으키는 데에 주도적인 역할을 했다. 오히려 IMF가 권고한 긴축정책을 1980년대 중후반까지 유지했던 사공일과 김만제 등의 그 다음 경제팀을 높이 평가하는 게 옳다. 하지만 이들의 업적은 제대로 평가받지 못하고 있다.

여 매년 신기록을 갱신했으며, 성장률도 매년 높은 수준을 유지했다. 하지만 재정지출이 1986년부터 다시 두 자리 수의 증가율을 기록하자, 물가는 불안해지고 국제수지 역시 시차를 두고 차츰 악화됐다. 아래 표에서 보듯이, 1986년부터 1988년까지 매년 10% 이상을 기록하던 성장률은 1989년에 6.7%로 뚝 떨어졌다. 여기에 부동산 투기까지 가세하자 성장잠재력과 국제경쟁력은 더욱 약화됐다. 재정지출을 대폭 증가시키는 등 공공부문을 팽창시켜 1990년부터는 국내경기를 상승으로 전환시켰지만, 이것이 경제체력을 급속도로 약화시켜 결국은 경제재앙을 부르고 말았다. '단군 이래 최대 난리라던 환란'은 이렇게 발아하였다.

1980년대 성장률, 소비자물가 상승률, 세출 증가율, 경상수지(억 달러) 추이

구분	1978	1979	1980	1981	1982	1983	1984	1985	1986	1987	1988	1989
성장	9.3	6.8	-1.5	6.2	7.3	10.8	8.1	6.8	10.6	11.1	10.6	6.7
물가	14.5	18.3	28.7	21.4	7.2	3.4	2.3	2.5	2.8	3.1	7.1	5.7
세출	37.6	36.7	37.4	29.3	4.4	6.1	9.2	8.4	12.7	14.2	21.9	33.0
수지	-10.9	-41.5	-53.2	-46.1	-25.5	-15.2	-12.9	-8.0	47.1	100.6	145.1	53.6

자료 : 경제통계연보(성장률과 물가상승률은 2002년, 기타는 1992년), 한국은행

1997년 말에 터졌던 '단군 이래 최대 난리라던 환란'도 공공부문 팽창이 부른 참사였다. 1987년부터 환란 직전인 1997년까지 10년 동안에 국내총생산은 3.1배 증가했는데, 일반회계는 4.3배

증가했고, 특별회계는 9.2배, 기금의 자산은 5.6배, 정부산하기관 지출은 52.8배나 증가했다. 정부산하기관의 지출 증가율은 공식적으로 집계되지 않았으므로, 개인적으로 4년 동안 파악하여 1998년 대통령직 인수위원회에 보고한 자료에 의해 산출되었다.

위와 같은 사실은 공공부문 팽창, 특히 정부산하기관의 팽창이 얼마나 심각했는지를 증명한다. 결국 우리 경제의 성장잠재력과 국제경쟁력은 크게 약화되었다. 강조하거니와, 1997년 말의 외환위기라는 암 덩어리는 이미 1980년대 후반부터 잉태되어 자랐던 셈이다. 그 시차가 위와 같이 아주 커서 이런 사실이 쉽게 밝혀지지 않았을 따름이다.

현재의 우리나라 경제상황도 당시와 크게 다르지 않다. 아니, 오히려 훨씬 더 심각하다. 당시에는 외환위기라는 급성질병이 발생했다면, 지금은 좀처럼 치유가 어려운 만성질환인 장기간의 경기부진이 진행되고 있다. 이것은 아주 심각한 문제지만, 관심을 기울이는 경제전문가나 경제정책 당국자는 좀처럼 찾아보기가 어렵다. 이것이 가장 심각한 문제점일 것이다. 관심이라도 가져야 문제점을 인식하여 그 해결책을 찾으려 할 것이 아닌가.

한국은행이 2014년에 처음으로 집계하여 발표한 '공공부문 국민계정'에 따르면, 우리나라의 공공부문 비중은 2012년에 GDP의 48.8%에 달했다. 더 심각한 문제는 공공부문의 증가율이 GDP의 경상 성장률보다 훨씬 높다는 것이다. 2007년부터 2012년까지의 경상 성장률은 연평균 5.7%를 기록한 반면에, 공공부문 팽창률은 7.9%를 기록했다. 이에 따라 공공부문 총지출은 2007년 460조 원에서 2012년에 672조 원으로 불과 5년 동안에 1.5배 증가했으며, 그 비중도 2007년의 44.4%에서 이미 언급한 것처럼 2012년에는 48.8%로 크게 증가했다. 이랬으니 우리나라 잠재성장률은 이명박 정권에서 빠르게 떨어질 수밖에 없었고, 실현한 성장률도 연평균 3%에 불과했다. 참고로, 한국은행은 지금도 '공공부문 국민계정'을 집계하고 있지만, 대외적으로 공표하지는 않는다.

정부와 산하기관과 금융공기업을 제외하더라도 우리나라 공기업의 비중은 지나치게 비대하다. 20대 기업집단(재벌) 중에서 7개가 공기업이다. 한국전력, LH공사, 도로공사, 포스코, KT, 철도공사, 가스공사 등이 그것들로서 숫자로는 35%에 이르고, 자산 규모로는 40%에 육박한다. 이 공기업들은 관료권력의 손아귀 안에 있으며, 경영수지는 날이 갈수록 악화되었다. LH공사의 부채는 2012년 말에는 168조 원에 이르러 자체 수익으로는 이자조차 지불하기 어렵게 되었다. 수자원공사나 석유공사 등 다른 공기업도 사정은 크게 다르지 않다. 관료권력이 정권에 과잉충성을 했던 것이 그 원인이었다.

우리나라는 말로만 시장경제일 뿐, 반은 사회주의 국가라고 말해도 지나치지 않다. 특히 금융시장의 경우는 관료권력의 영향력이 거의 무한대라 해도 좋을 정도이다. 외환위기를 거치면서 관치금융의 폐해가 적나라하게 드러난 바 있지만, 외환위기의 아픔이 약해지자마자 금융기관의 인사는 물론이고 사업내용까지 금융감독기관이 여전히 좌지우지하고 있다. 2012년의 저축은행 사태에서 보듯이 금융감독원 등은 거의 무한대의 권력을 행사했고, 이것이 결국은 금융기관 위기까지 잠시 불러온 바 있다.

셋째, 국가경제가 지속적으로 번영하기 위해서는 '지속가능한 성장'의 유지가 필수적이다. 앞에서 언급한 것처럼, 그 이유는 크게 두 가지이다. 그 하나는 지속가능한 성장을 유지하면 다른 경제변수가 개선되지 않더라도 생산성이 자동으로 향상된다는 것이고, 다른 하나는 비교적 낮은 성장률 속에서도 일자리 창출이 제법 이뤄진다는 것이다. 생산성 향상과 일자리 창출은 어느 무엇보다 중요한 정책목표이므로 지속가능한 성장의 중요성은 아무리 강조해도 지나치지 않다. 안정적인 성장의 유지가 '생산성 향상'을 일으킨다는 점은 앞에서 살펴봤으므로, 이제 일자리 창출효과에 대해 알아보자.

정치적으로나 사회적으로나 일자리 창출은 가장 중요한 정책목표 중 하나이다. 일자리가 없으면 소득이 없고, 소득이 없으면 소비가 이뤄지지 않음으로써 지속적인 성장은 불가능해진다. 또한 사회에 첫발을 내딛는 젊은이가 일자리를 찾지 못하면 이처럼 불행한 일은 없고, 가족의 경제를 책임져야할 가장이 일자리를 잃으면 이처럼 불행한 일도 없다. 어느 정권이든 '일자리 창출'을 최우선적인 정책목표로 삼는 이유가 여기 있다. 성장지속력의 확보는 그만큼 중요하다.

그럼 성장지속력은 어찌하면 확보할 수 있을까? 크게 두 가지 방법이 있는데, 그 하나는 땀 흘린 뒤에 복지를 확대하는 것이고, 다른 하나는 성장이 복지를 뒷받침하도록 하는 것이다. 그런데 이 두 가지 정책수단은 서로 밀접한 관련을 맺고 있다. 즉, 복지는 성장이 뒷받침해야 하고, 성장은 복지의 뒷받침을 받아야한다는 것이다.

일자리 창출은 언제 가장 확실하게 이뤄질까? 역사를 보면 설령 비교적 낮은 성장률을 기록하더라도 경제성장이 안정적으로 이뤄질 경우에 일자리를 그런대로 만들어냈다. 대표적인 사례로는 1990년대 이후부터 2000년대 중반까지의 미국을 꼽을 수 있다. 당시의 미국 성장률은 역사적으로 그리 높은 편이 아니었지만, 경기가 안정적으로 유지되던 때는 취업자가 꾸준히 증가했고 실업률은 계속 하락했다. 예를 들어, 1996년부터 2000년까지 성장률이 매년 3~4%를 계속 기록하자, 실업률은 5.4%에서 4.0%로 떨어졌다.

2001년에는 나스닥 시장이 붕괴에 직면하고 정보통신산업의 투자가 소멸하면서 성장률이 한 때 마이너스를 기록하는 등 경기가 하강으로 돌아섰으며, 이후 경기부진이 상당 기간 지속되자 실업률도 상승하여 2003년에는 6.0%까지 치솟았다. 이 사실은 경기하강이 일자리 창출에 얼마나 치명적인가를 증명한다. 다행히 그 후에는 경기가 상승으로 돌아섰다. 하지만 성장률은 높은 편이 아니었다. 성장률이 상대적으로 높았던 2004년과 2005년에만 각각 3%대의 성장률을 기록했을 뿐 2006년과 2007년에는 각각 2%대를 기록했다. 성장률이 이처럼 2~3%에 불과했음에도 실업률은 꾸준히 떨어져 2006년과 2007년에는 각각 4.6%를 기록했다.

이 사례는 비록 낮은 성장률일지라도 안정적으로 유지되면 일자리를 어느 정도 만들어낸다는 사실을 증명한다. 불행히도 2008년에는 서브프라임모기지 사태가 터지고 경기가 하강으로 돌아서자, 성장률은 마이너스를 기록했고 실업률도 급상승했다.

미국의 성장률과 실업률 추이(%)

구분	96	97	98	99	00	01	02	03	04	05	06	07	08	09
성장률	3.7	4.5	4.2	4.5	3.7	0.8	1.6	2.5	3.6	3.1	2.7	2.1	0.4	-2.4
실업률	5.4	4.9	4.5	4.2	4.0	4.8	5.8	6.0	5.5	5.1	4.6	4.6	6.8	9.3

자료 : 국제통계연감 2012년, 통계청

미국과 대비되는 대표적인 나라는 터키로서, 연평균 성장률은 훨씬 높았지만 실업률은 더 높았다. 성장률이 들쭉날쭉 하자 실업률은 좀처럼 떨어지지 않거나 오히려 상승했던 것이다. 특히 2002년부터 2005년까지는 실업률이 매년 10% 이상을 기록했으며, 그 후에도 10%에 가까운 실업률을 보였다. 심지어 성장률이 각각 9.4%와 8.4%라는 아주 높은 실적을 기록했던 2004년과 2005년에도 실업률은 10%를 웃돌았다. 이것은 경기의 상승과 하강이 단기간에 교차하면 고용이 좀처럼 증가하지 못한다는 사실을 단적으로 증명한다.

현실적으로도 경기상승과 경기하강이 자주 교차하면 기업은 고용을 증가시키기 어렵다. 경기가 상승할 때는 추가 고용이 필요하지만, 경기가 금방 하강으로 돌아서면 그 고용이 생산원가를 높여 이익을 줄이기 때문이다. 안정적이고 지속가능한 성장은 그만큼 중요하다.

터키의 성장률과 실업률 추이(%)

구분	96	97	98	99	00	01	02	03	04	05	06	07	08
성장률	7.4	7.5	3.1	−3.4	6.8	−5.7	6.2	5.3	9.4	8.4	6.9	4.5	1.3
실업률	6.5	6.7	6.8	7.7	6.5	8.4	10.3	10.5	10.3	10.3	9.9	9.9	10.6

자료 : 국제통계연감 2010년, 통계청

그럼 '지속가능한 성장'은 어찌해야 유지할 수 있을까? 경기과열과 경기과속을 사전에 예방해야 그것이 가능하다. 그래야 경기 안정이 유지될 수 있고, 경기 상승도 지속될 수 있다. 그럼 경기 안정은 어찌해야 유지할 수 있을까? 우선, 경기의 상승속도가 지나치게 빠르거나 지나치게 과열되지 않아야 한다. 다음으로, 경기변동에 중요한 역할을 하는 경제변수들이 동태적인 안정을 유지해야한다. 이 문제는 앞에서 이미 충분히 언급했지만, 국가경제의 경영에 있어서 아주 중요하므로 반복했다.

무엇보다 중요한 사실은 '분배 없는 성장'은 지속가능성이 없다는 것이다. 고소득층은 소비성향이 낮기 때문이다. 실제로 소득 최상위계층 1/5의 소비성향은 70%를 겨우 넘는다. 만약 소득 재분배가 적절히 이뤄지지 않으면 성장의 과실은 대부분 고소득층이 차지하고, 소비성향이 낮은 고소득층에 소득이 집중되면 유효수요는 부족해진다. 유효수요가 부족해지면 상품이 있어도 팔리지 않고, 생산설비가 있어도 생산이 이뤄지지 못하며, 일자리도 줄어든다. 결국 국가경제는 경기후퇴의 악순환에 직면하고, 경제공황으로 발전할 수도 있다.

반면에, 소득재분배가 적절히 이뤄지면 성장의 과실이 저소득층에도 돌아가고, 소비성향이 높은 저소득층의 소득이 커지면 유효수요는 그만큼 풍부해진다. 실제로 소득 최하위계층 1/5은 소비성향이 98%에 이른다. 따라서 소비성향이 높은 저소득층에 분배가 더 많이 이뤄지면 유효수요가 그만큼 충분해진다. 그러면 생산품은 거의 모두 팔리고, 기업의 이익은 증가하며, 투자와 고용도 증가한다. 이 경우에는 물가불안이 나타나거나 국제수지 악화가 나타나지 않는 한 아무리 높은 성장률을 기록해도 지속가능해진다.

세계사적으로 분배가 점차 개선된 나라는 지속적인 성장가도를 달렸다. 1980년 이전까지의 스웨덴과 핀란드 그리고 1990년 이전까지의 일본과 독일 등이 대표적이다. 이 나라들은 세계 최고 수준의 복지국가를 건설하고도 지속적인 경제번영을 누렸다. 그 중에서도 한때 '경제 동물'이라고 불렸던 일본은 이미 1949년부터 '보편적 복지'를 추구했으며, 1971년에 제도적으로 정착시켜 1970년대 중반에는 복지비 지출이 GDP의 10%를 넘어섰다. 그만큼 복지비 지출이 꾸준히 증가했던 셈이다.

반면에, 성장의 뒷받침을 받지 못한 가운데 분배에 치중한 나라는 심각한 경제난을 겪었다. 1990년을 전후한 스웨덴과 핀란드 그리고 호주와 뉴질랜드 등은 금융위기에 따른 경제난이 가중되자 강력한 구조조정과 노동 유연화 등의 정책을 펼쳐야했으며, 복지비 지출도 크게 축소해야 했다. 일본 역시 1990년대 이후에 경제난이 지속되자 복지비 지출이 국가경제에 부담을 주었고, 이것이 초장기 경기부진을 초래하는 데에 일조했다.

이런 사실은 분배가 성장의 뒷받침을 받아야 한다는 사실을 일깨워준다. 분배는 성장의 목적이고, 성장은 분배의 수단인 셈이다. 분배를 위해서는 성장이라는 수단을 먼저 강구해야 하고, 그래야 성장의 목적인 분배가 이뤄지며, 분배가 제대로 이뤄져야 성장도 지속가능해지고 경제번영도 지속된다.

만일 목적과 수단을 바꾸면 어떤 일이 벌어질까? 즉, 분배를 성장을 일으키는 수단으로 삼으면 어찌될까? 당연히 불행한 사태가 벌어진다. 거듭 비유하자면, 돈을 버는 것은 수단이고 돈을 쓰는 것은 목적인데, 돈 쓰는 것을 수단으로 삼으면 파산하지 않을 수 없다. 마찬가지로 국가경제도 성장을 하기 전에 분배에 치중하면 경제파국을 면하기 어렵다. 성장이라는 수단의 뒷받침을 받지 못한 복지는 성장을 지속가능하지 못하도록 할 뿐 아니라 아주 심각한 경제난을 불렀던 것이 세계사의 경험이다. 1970년대 초에 극심한 경제난을 초래했던 칠레의 아옌데 정권이나 1930년대에 경제파탄을 초래했던 프랑스의 인민전선 정권은 대표적인 실패 사례에 속한다.

하지만 성장은 수단에 불과하다. 목적 없는 수단은 무한질주를 부르고, 무한질주는 경제공황 같은 파국을 부르기도 한다. 수단은 목적을 위해 존재해야 하는 것이다. 경제성장도 수단일 뿐 목적은 아니다. 따라서 복지라는 목적이 반드시 전제돼야 한다. 현실적으로 성장이라는 수단이 복지를 뒷받침하고, 성장의 결과가 복지의 향상에 봉사하면 성장과 분배는 선순환을 한다. 복지는 이런 의미에서 성장에 못지않게 중요하다.

복지란 최소한의 인간적인 삶을 국가가 보장하는 것을 뜻한다. 복지는 사회적 약자에 대한 배려의 다른 이름이다. 그렇다면 사회적 배려를 함에 있어서도 효과적인 방법을 강구해야 하고, 궁극적으로는 사회적 약자에서 벗어날 수 있도록 기회를 확대하는 일 역시 적극적으로 추진해야 한다. 그런데 사회적 약자에 대한 배려와 기회의 확대를 위해서는 재원이 필요하다. 따라서 성장은 복지의 가장 확실한 수단이다. 성장의 지속은 복지를 실현시키기 위한 전제조건인 셈이다. 그뿐만 아니라, 성장의 지속은 복지의 최고 목표인 좋은 일자리를 창출하는 수단이기도 하다. 결론적으로, 사회적 약자에 대한 배려, 기회의 확대, 좋은 일자리의 창출, 지속가능한 성장 등은 국가경제를 경영하는 데에 가장 기본적인 정책과제이다. 그럼 어떤 정책을 펼쳐야 이런 정책과제들을 효과적으로 달성할 수 있을까?

먼저, 사회적 약자에 대한 배려를 효과적으로 수행하기 위해서는 뚜렷한 기준과 엄정한 원칙이 필요하다. 즉, 누가 사회적으로 가장 약자인가를 살펴서 그 순서대로 배려해야 하며, 사회적 약자에게 가장 필요한 것이 무엇인가를 살펴야 한다. 이미 앞에서 강조한 바 있지만, 부모를 잘못 만난 아이, 자식을 잘못 둔 노인, 일할 능력조차 없는 중증 장애인과 난치병 환자, 일하고 싶어도 일자리가 없는 실업자, 비조직 노동자, 비정규직 노동자 등을 순서에 따라 배려해야 한다. 또한 사회적 약자를 배려할 내용으로는 배고플 때 먹고, 추울 때 입고, 졸릴 때 잠자고, 아플 때 치료받고, 일하고 싶을 때 일하는 것 등을 꼽을 수 있다. 사회적 약자에 대한 이런 배려는 보편적으로 이뤄지는 게 바람직하다. 그래야 최소한의 인간적인 삶이 보장될 수 있다.

다음으로, 기회의 확대를 위한 가장 유력한 수단은 교육이므로, 교육의 기회나마 충분히 제공하는 것이 필요하다. 특히 돈이 없어도 대학을 다닐 수 있는 제도를 확립하는 것이 무엇보다 필수적이다. 그래야 사회계층의 상하이동이 전반적으로 활발해지고, 이 경우에 국가경제는 건강해진다. 다만, 기회의 확대는 선택적 복지가 바람직하다. 기회는 모든 사람이 살리는 것은 아니며, 간절히 바라는 사람이 더 확실하게 기회를 살릴 수 있기 때문이다.

　끝으로, 좋은 일자리는 경제가 장기간 안정적으로 성장할 때에 창출된다. 일본이 1980년대까지 평생직장을 자랑했던 것은 1950년대 이후 고도성장을 장기간 지속했기 때문이다. 우리나라가 1990년대 중반까지는 정규직을 주로 고용했던 것 역시 1950년대 후반 이후 고도성장을 지속했기 때문이다. 2천년대 들어 비정규직이 대폭 늘어난 이유는, 일본의 경우 장기침체를 거듭했기 때문이다. 우리나라의 경우는 1997년 말에 외환위기가 터졌고, 2008년 이후부터 성장률이 낮아졌을 뿐 아니라 경기변동이 극심했기 때문이다. 한마디로, 안정적인 성장은 좋은 일자리를 창출하는 전제조건이며, 복지 향상은 빈부격차 완화와 그에 따른 내수 확대를 통해 안정적인 성장을 가능케 하는 전제조건이다. 성장과 분배의 선순환이 좋은 일자리를 창출하는 셈이다.

　아울러, 지속가능한 성장의 전제조건 중 하나는 안정적인 환경이므로, 환경을 보호하는 것도 국가경제의 기본적인 정책과제이다. 다만, 능동적인 환경보호에는 비용이 수반되고, 그 비용은 성장에 의해 충분하게 조달될 수 있다. 따라서 성장의 뒷받침을 받지 못한 환경보호는 지속가능성이 없다. 물론 성장의 지속성은 환경보호가 충분히 이뤄질 경우에 확보된다.

참고로, 벌써 10년 이상 저성장을 지속하고 있는 우리 경제를 살려낼 경제정책을 구체적으로 밝히는 것이 순리이지만, 다른 책에서 이미 충분히 다뤘다. [경제전쟁]이라는 책이 바로 그것으로서, 이 책은 우리나라 경제가 당면한 다른 문제들, 빠른 시일 내에 해결해야 할 문제들까지 담겨 있다. 궁금한 독자는 이 책을 참고하면 좋을 것이다.

우리가 꿈꾸는 세상은

우리가 간절히 바라는 세상, 우리가 반드시 이룩하고 싶은 세상은 다음과 같다. 이런 세상이 제발 빠른 시일 안에 왔으면 좋겠다. 아니, 우리가 그렇게 만들어가야 한다. 아래의 꿈들을 반드시 실현시켜야 한다고 우리는 믿는다.

첫째, 흙수저를 물고 태어났어도 금수저로 살아갈 수 있는 세상.

둘째, 청년이 골라가며 취업하는 세상.

셋째, 나이가 70이 넘어도 2~3년만이라도 더 일해 달라고 붙잡히는 세상. 평생직장이 아니면 인재를 잡을 수 없는 세상.

넷째, 5년 후에는 일본을 뛰어넘을 대한민국.

다섯째, 강대국 눈치를 보지 않고 우리 힘만으로도 통일을 추진하는 세상.

우리는 위의 다섯 가지 꿈을 실현시키는 데에 전력을 다할 것이다. 물론 위의 꿈을 실현시키는 것은 목적이므로, 그 목적을 실현시킬 효율적인 수단의 강구가 필요하다. 한마디로, 위의 목적들을 실현시키는 데에는 안정적이고 장기적이며 비교적 높은 성장률을 기록하는 것이 가장 효율적인 수단이다. 그리고 우리 경제를 안정적으로 성장시킬 정책들은 바로 앞에서 충분히 살펴봤다.

첫째의 꿈인 기회를 만드는 것은 부품소재와 기자재 산업을 적극적으로 육성하고, 자본시장법을 개정하여 금융시장에서 새로운 모험적 금융인이 다수 나타나면 얼마든지 실현시킬 수가 있을 것이다.

둘째와 셋째의 꿈인 일자리가 사방에 널려 있는 세상은 경제가 5년만 안정적으로 빠르게 성장할 경우에 그 달성이 얼마든지 가능할 것이다. 만약 경제가 10년만 안정적으로 빠르게 성장하면 평생직장도 얼마든지 가능할 것이다. 넷째의 꿈인 일본 경제를 뛰어넘는 일은 우리 경제가 매년 6%씩 성장하고, 환율이 경상수지가 대규모 적자로 돌아서지 않는 범위 안에서 점진적으로 하락하면, 얼마든지 달성이 가능할 것이다.

다섯째의 꿈인 민족통일은 우리 경제력이 세계 5강 안에 들 경우에는 얼마든지 우리 힘만으로도 이룩할 수 있을 것이다. 우리나라 경제력이 세계 5강에 들면 어느 강대국도 우리나라를 얕

보지 못할 것이기 때문이다. 실제로 독일은 강대국의 간섭을 거의 받지 않고 주체적인 민족통일을 이룩한 바가 있다.